**Henry Miller**
*Stille Tage in Clichy*

**Rowohlt**

Deutsch von Kurt Wagenseil
Mit 28 Fotos von Brassaï

Übertragen nach der bei Grove Press, Inc., New York,
unter dem Titel «Quiet Days in Clichy»
erschienenen Ausgabe
Die Originalausgabe erschien erstmals im Jahre 1956
bei The Olympia Press, Paris

Umschlaggestaltung Walter Hellmann
unter Verwendung einer Illustration von Thomas Kleine
Foto des Autors: Harry Redl

Einmalige Sonderausgabe Oktober 1993

Veröffentlicht im Rowohlt Taschenbuch Verlag GmbH,
Reinbek bei Hamburg, Juli 1983
Copyright © 1968 by Rowohlt Verlag GmbH,
Reinbek bei Hamburg
«Quiet Days in Clichy» Copyright © 1956 by
Henry Miller, Big Sur, Cal., USA
Fotos Copyright © 1956 by Brassaï, Paris
Gesamtherstellung Clausen & Bosse, Leck
Printed in Germany
700-ISBN 3 499 12071 2

# Statt eines Vorworts

Als ich letzten Sommer in Schweden war, fiel mir zufällig das Buch meines Vaters *Stille Tage in Clichy* in die Hände, und ich begann sofort darin zu lesen. Ich hatte die erste Seite noch nicht zu Ende gelesen, da packte mich schon ein übermütiger Taumel von Liebe, Leidenschaft, Schönheit und Wissen – Dinge, die man so selten findet in diesen tristen und trüben Zeiten.

Es scheint, als seien die Menschen von heute äußerst schnell bei der Hand, ein literarisches Werk von dem Augenblick an zu verdammen, da sie auf ein Wort stoßen, das sie verwirrt oder verlegen macht – um so schlimmer! Ich selbst habe diesem Buch so viel Leben und Miterleben, so viel Humor und tiefes Wissen zu verdanken, daß ich einfach nicht begreife, wie jemand, ganz gleich wer, die Frechheit haben kann, zu sagen: «Mein Gott, so was von Pornographie!» – wie ich es oft genug gehört habe.

Man muß schon sehr verklemmt und böswillig sein, will man in diesem Buch, in dem Miller sein Leben in Clichy beschreibt, Obszönität oder irgend etwas Unrechtes entdecken. Ich war nicht nur gefesselt von seinen über das ganze Buch verstreuten freimütigen Urteilen über Menschen, sondern es war mir auch nie zuvor bewußt geworden, wieviel Humor dieser Mann besitzt, einen gleichermaßen satirischen und sarkastischen Humor, der noch dazu ganz natürlich ist – ein Humor, bei dem man sich fast totlachen kann, während einem gleichzeitig die Tränen über die Wangen laufen.

Clichy war für mich in mehr als einer Hinsicht eine zweite Geburt. Voller Bedenken machte ich diese Reise quer durch Europa, ohne Ziel und ohne Grund, getrieben allein von einer unerbittlichen inneren Notwendigkeit. Doch als ich «Clichy» zu Ende gelesen hatte, machte ich mich erneut auf den Weg – jubelnd, lachend, weinend, und dies alles mit einer Kraft und Lebenslust, die für meine eigene Harmonie so wichtig sind.

Das ist einfach zu erklären. «Clichy» reißt uns aus dieser Welt der Heuchelei heraus, aus diesem *gris*, das heute unser aller Los ist. Ein abgeklärter und beseelter Geist geht von dem gedruckten Wort aus, dringt durch das Auge des Lesers und erfüllt schließlich den ganzen Körper, gleich der Euphorie, die nach einer guten Flasche Rotwein Besitz von uns ergreift.

Alles wird leichter, und man beginnt die Dinge so zu nehmen, wie sie sind. Die Kriege verlieren ihren Sinn, das Geld ist nicht mehr in so hohem Maße die Voraussetzung zum Glück, während die Liebe und das Mitgefühl für das Weiterbestehen des Menschen unbedingt notwendig werden.

So rate ich denn dem Leser, halten Sie den Arm hin und lassen Sie sich eine Spritze geben, lassen Sie sich ein neues Leben injizieren. Seien Sie bereit, die Welt aus einer neuen Perspektive zu sehen und nicht mehr durch die Brille des extremen Materialismus unserer Zeit ... fangen Sie an zu singen ...

Tony Miller (geb. 28. August 1948)
Santa Monica / California
April 1967

# Stille Tage in Clichy

Während ich schreibe, bricht die Dunkelheit herein und die Leute gehen zum Abendessen. Ein grauer Tag ist zu Ende, wie man ihn in Paris oft erlebt. Als ich um den Häuserblock ging, um meine Gedanken an die frische Luft zu führen, wurde mir unwillkürlich wieder der enorme Gegensatz zwischen den beiden Städten – New York und Paris – bewußt. Es ist die gleiche Stunde, der gleiche trübe Tag, und doch hat das Wort grau, das die Assoziation hervorrief, nur wenig gemeinsam mit jenem *gris*, das für die Ohren eines Franzosen eine ganze Welt von Gedanken und Gefühlen einschließt. Schon vor Jahren, als ich durch die Straßen von Paris ging und die in den Schaufenstern ausgestellten Aquarelle betrachtete, war mir aufgefallen, daß das, was allgemein ‹Paynes Grau› genannt wird, hier völlig fehlte. Ich erwähne das nur, weil Paris bekanntlich vor allem eine graue Stadt ist. Ich erwähne es, weil die amerikanischen Maler beim Aquarellieren dieses spezielle Grau übermäßig und geradezu manisch verwenden. In Frankreich ist die Skala der Grautöne offenbar unbegrenzt. Bei uns dagegen verliert das Grau seine eigentliche Wirkung.

Ich dachte an diese unermeßliche Welt von Grau, die ich in Paris kannte, denn um diese Stunde, wo ich dort gewöhnlich zu den Boulevards hinschlenderte, überkommt mich hier das Verlangen, nach Hause zu gehen und zu schreiben: eine völlige Umkehrung meiner sonstigen Gewohnheiten. Dort wäre mein Tag zu Ende gewesen, und ich hätte das Verlangen gehabt, mich unter Menschen zu begeben. Hier dagegen treibt mich die Menge, die farblos, unterschiedslos, wesenlos ist, auf mich selbst zurück, treibt mich heim in mein Zimmer, wo ich im Geiste diese Elemente eines mir hier fehlenden Lebens suche, die, vermischt und assimiliert, vielleicht wieder die zarten, natürlichen Grautöne entstehen lassen, die für ein beschwingtes und harmonisches Dasein Voraussetzung sind. An einem Tag wie diesem, in einer Stunde wie dieser von einem beliebigen Punkt der rue Laffitte auf Sacré-Cœur zu blicken, würde mich schon in Ekstase versetzen. So war es jedenfalls immer gewesen, selbst wenn ich hungrig war und kein Dach über dem Kopf hatte. Hier wüßte ich, auch wenn ich tausend Dollar in der Tasche hätte, nichts, was solche Empfindungen in mir zu wecken vermöchte.

An grauen Tagen ging ich in Paris oft zur place Clichy in Montmartre. Von Clichy nach Aubervilliers zieht sich eine lange Kette von Cafés, Restaurants, Theatern, Kinos, Herrenmodeläden, Hotels und Bordellen. Das ist der Broadway von Paris und entspricht jener kurzen Strecke zwischen der 42nd und der 53rd Street. Der Broadway ist hektisch, aufreizend, verwirrend – kein Ort zum Verweilen. Der Montmartre ist gemächlich, träge, unbekümmert, ein wenig schäbig und heruntergekommen, nicht so sehr blendend als vielmehr verführerisch, nicht funkelndes Glitzern, sondern schwelende Glut. Der Broadway hat etwas Aufregendes, oft sogar etwas Magisches, aber ihm fehlt das lebendige Feuer – er ist eine strahlend illuminierte, aber feuersichere Schau, das Paradies der Werbeagenturen. Der Montmartre ist verbraucht, verblichen,

verwahrlost, nacktes Laster, käuflich und vulgär. Er ist eher abstoßend als anziehend, aber so verführerisch abstoßend wie das Laster selbst. Dort gibt es kleine Bars, in denen sich fast ausschließlich Huren, Zuhälter, Halsabschneider und Glücksspieler drängen. Wenn man auch tausendmal an ihnen vorbeigeht, so kann man doch schließlich ihrem Sog nicht widerstehen und wird ihr Opfer. Dort in den Seitenstraßen, die vom Boulevard abzweigen, gibt es Hotels von so obszöner Häßlichkeit, daß einen bei dem Gedanken schaudert, sie zu betreten, und doch wird man eines Tages unvermeidlich eine Nacht, vielleicht eine Woche oder einen Monat in einem von ihnen verbringen. Ja, man wird sich dort vielleicht so eingewöhnen, daß man eines Tages meint, das ganze Leben habe sich verändert, und was man einmal greulich, schmutzig, unwürdig fand, erscheint einem nun reizvoll, liebenswert und sogar schön. Dieser hinterhältige Zauber von Montmartre ist, glaube ich, zum größten Teil dem Sex zuzuschreiben, der hier unverblümt gehandelt wird. Sex hat nichts Romantisches, besonders wenn er kommerzialisiert wird, aber er schafft ein prickelndes, melancholisches Fluidum, das viel betörender und viel verführerischer ist als der strahlend illuminierte Broadway. Zweifellos floriert das sexuelle Leben eher im trüben Dämmerlicht: es ist im Halbdunkel zu Hause und nicht in greller Neonbeleuchtung.

An einer Ecke der place Clichy befindet sich das Café Wepler, das lange Zeit mein Stammlokal war. Ich habe dort drinnen und draußen gesessen, zu allen Tageszeiten und bei jedem Wetter. Für mich war es ein aufgeschlagenes Buch. Die Gesichter der Kellner, der Geschäftsführer, der Kassiererinnen, der Huren, der Gäste, ja sogar der Toilettenfrauen haben sich mir eingeprägt wie die Illustrationen eines vertrauten Buches. Ich erinnere mich noch an den ersten Tag, an dem ich das Café Wepler im Jahre 1928 mit meiner Frau im Schlepptau betrat. Ich entsinne mich noch des Schocks, den es mir versetzte, als ich eine Hure sinnlos betrunken über einen kleinen Tisch auf der *terrasse* fallen sah und niemand herbeieilte, um ihr zu helfen. Ich war verblüfft und entsetzt über die stoische Gleichgültigkeit der Franzosen – ich bin es noch, trotz aller guten Eigenschaften, die ich seither an ihnen kennengelernt habe. *«Nur keine Aufregung, ist ja bloß eine Hure ... betrunken.»* Ich höre noch immer diese Worte. Sogar heute noch lassen sie mich schaudern. Aber ein solches Verhalten ist sehr französisch, und wenn man sich damit nicht abfindet, wird man sich in Frankreich nicht sehr wohl fühlen.

An solchen grauen Tagen, wenn es überall sonst kalt war, außer in den großen Cafés, freute ich mich darauf, vor dem Essen ein oder zwei Stunden im Wepler zu sitzen. Der rosige Schimmer, der sich im Café verbreitete, ging von der Gruppe Huren aus, die gewöhnlich in der Nähe des Eingangs zusammensaßen. Während sie sich nach und nach unter die Gäste mischten, kam zu der Wärme und dem rosigen Schimmer noch ein berauschender Duft. Die Mädchen schwirrten in dem gedämpften Licht wie parfümierte Glühwürmchen umher. Diejenigen, die nicht das Glück hatten, einen Kunden zu finden, schlenderten langsam auf die Straße hinaus, um gewöhnlich bald darauf zurückzukommen und wieder ihre alten Plätze einzunehmen. Andere kamen, frisch und für die abendliche Arbeit gerüstet, hereinstolziert. In der Ecke, wo sie sich gewöhnlich versammelten, ging es wie auf der Börse zu – der Sex-Markt hatte dort seine Haussen und Baissen wie jede andere Börse. Ich hatte den Eindruck, daß ein regnerischer Tag im allgemeinen ein guter Tag war. Wie man so sagt, kann man an einem Regentag nur zwei Dinge tun – und die Huren verschwendeten keine Zeit ans Kartenspiel.

Am frühen Abend eines solchen regnerischen Tages entdeckte ich ein neues Gesicht im Café Wepler. Ich hatte Einkäufe gemacht und war beladen mit Büchern und Schallplatten. Ich muß damals wohl gerade eine unerwartete Geldsendung aus Amerika erhalten haben, denn trotz meiner Einkäufe hatte ich noch einige hundert Francs in der Tasche. Ich setzte mich in die Nähe der Börse, umgeben von einer Schar hungriger, lauernder Huren, denen ich nicht das geringste Interesse schenkte, denn mein Blick war auf diese berückende Schönheit gefallen, die, von den anderen abgesondert, in einer entfernten Ecke des Cafés saß. Sie schien mir eine attraktive junge Frau zu sein, die sich hier mit ihrem Liebhaber verabredet hatte und vielleicht vorzeitig gekommen war. Den Apéritif, der vor ihr stand, hatte sie kaum angerührt. Die Männer, die an ihrem Tisch vorbeigingen, sah sie mit einem offenen, festen Blick an, was jedoch nichts besagte, denn eine Französin schaut in einem solchen Fall nicht weg wie Engländerinnen oder Amerikanerinnen. Sie sah sich in aller Ruhe um, interessiert, aber ohne die Aufmerksamkeit auf sich ziehen zu wollen. Sie war zurückhaltend, nicht ohne eine gewisse Würde, durchaus selbstsicher und beherrscht. Sie wartete. Auch ich wartete. Ich war neugierig, auf wen sie wartete. Nach einer halben Stunde, in der ich mehrmals ihren Blick auffing und festhielt, kam ich zu der Überzeugung, daß sie auf jemanden wartete, der die rechten Worte fände. Gewöhnlich braucht man nur ein Zeichen mit dem Kopf oder mit der Hand zu machen, und das Mädchen verläßt seinen Tisch und setzt sich zu einem – wenn es ein solches Mädchen ist. Ich war auch jetzt noch nicht ganz sicher. Sie sah mir zu gut aus, zu gepflegt, zu wohlerzogen, möchte ich sagen.

Als der Kellner wieder vorbeikam, fragte ich ihn, ob er sie kenne. Als er verneinte, bat ich ihn, er möchte sie auffordern, an meinen Tisch zu kommen und sich zu mir zu

setzen. Ich beobachtete ihr Gesicht, als er ihr das ausrichtete. Ich empfand ein angenehmes Prickeln, als ich sie lächeln und freundlich zu mir herübernicken sah. Ich hatte erwartet, daß sie sofort aufstehen und herüberkommen würde, aber statt dessen blieb sie sitzen und lächelte noch einmal, diesmal diskreter, dann wandte sie den Kopf ab und schaute verträumt zum Fenster hinaus. Ich wartete einen Augenblick, dann, als ich sah, daß sie keine Anstalten machte, zu mir herüberzukommen, stand ich auf und ging an ihren Tisch. Sie begrüßte mich durchaus herzlich, ganz wie einen Freund, aber ich bemerkte, daß sie ein wenig verwirrt, ja beinahe verlegen war. Ich war unsicher, ob ich Platz nehmen durfte oder nicht, setzte mich dann aber doch zu ihr und verwickelte sie, nachdem ich etwas zu trinken bestellt hatte, rasch in ein Gespräch. Ihre Stimme war noch bestrickender als ihr Lächeln. Sie war wohltönend, tief und kehlig. Es war die Stimme einer Frau, die sich des Lebens freut und es genießt, die sorglos und ungebunden lebt, entschlossen, sich das Quentchen Freiheit, das sie besitzt, zu bewahren. Es war die Stimme einer verschwenderisch Gebenden. Sie rührte eher ans Zwerchfell als ans Herz.

Ich muß gestehen, ich war überrascht, als sie überstürzt erklärte, es sei ein Fauxpas von mir gewesen, mich an ihren Tisch zu setzen. «Ich dachte, Sie hätten verstanden», sagte sie, «daß ich Sie draußen treffen wollte. Das jedenfalls habe ich Ihnen zu telegrafieren versucht.» Sie gab mir zu verstehen, daß sie hier nicht als Professionelle eingeschätzt werden wolle. Ich entschuldigte mich und bot an, mich zurückzuziehen, und sie honorierte diese taktvolle Geste mit einem leichten Händedruck und einem freundlichen Lächeln.

«Was haben Sie da alles?» wollte sie wissen, um rasch das Thema zu wechseln, indem sie vorgab, sich für die

Päckchen zu interessieren, die ich auf den Tisch gelegt hatte.

«Nur Bücher und Schallplatten», sagte ich und ließ durchblicken, daß diese sie wohl kaum interessieren dürften.

«Französische Bücher?» fragte sie, wie mir schien mit einem Unterton ehrlicher Neugier.

«Ja», sagte ich, «aber ich fürchte, sie sind ziemlich langweilig. Proust, Céline, Élie Faure ... Vermutlich geben Sie Maurice Dekobra den Vorzug, nicht wahr?»

«Darf ich sie einmal sehen? Ich möchte gern wissen, was für französische Bücher ein Amerikaner liest.»

Ich öffnete das Päckchen und gab ihr den Élie Faure. Es war der *Tanz über Feuer und Wasser*. Sie blätterte darin, lächelte und äußerte sich immer wieder zustimmend, während sie die eine oder andere Passage las. Dann legte sie das Buch nachdrücklich wieder auf den Tisch, klappte es zu und legte die Hand darauf, als wollte sie es geschlossen halten. «Genug davon, lassen Sie uns von etwas Interessanterem reden!» Nach kurzem Schweigen fügte sie hinzu: «*Celui-là, est-il vraiment français?*»

«*Un vrai de vrai*», erwiderte ich mit einem breiten Grinsen.

Sie schien verwirrt. «Es ist ein ausgezeichnetes Französisch», fuhr sie fort, als spreche sie mit sich selbst, «und doch ist es wiederum nicht Französisch ... *Comment dirais-je?*»

Ich wollte gerade sagen, daß ich durchaus verstand, was sie meinte, als sie sich auf der Polsterbank zurücklehnte, meine Hand ergriff und mit einem schelmischen Lächeln, das ihre Offenheit betonen sollte, sagte: «Wissen Sie, ich bin eine durch und durch faule Person. Ich habe keine Geduld, Bücher zu lesen. Es ist zu viel für mein schwaches Hirn.»

«Man kann im Leben so viele andere Dinge tun», antwortete ich und erwiderte das Lächeln. Und damit legte ich die Hand auf ihr Knie und drückte es zärtlich. Im nächsten Augenblick lag ihre Hand auf der meinen und führte sie an eine zartere Stelle. Dann, fast ebenso rasch, schob sie meine Hand fort mit einem: *«Assez, nous ne sommes pas seuls ici.»*

Wir schlürften gelassen unsere Getränke. Ich hatte es nicht eilig, sie zum Aufbruch zu drängen. Ich war viel zu sehr von ihrer Art zu sprechen entzückt, die nicht den geringsten Pariser Akzent hatte. Sie sprach ein reines Französisch, und für einen Ausländer wie mich war es ein Vergnügen, ihr zuzuhören. Jedes Wort sprach sie ganz deutlich aus, sie gebrauchte kein Patois, kaum einen umgangssprachlichen Ausdruck. Die Worte kamen zögernd, sorgfältig geformt über ihre Lippen, so als schmecke sie sie ab, ehe sie sie der Leere preisgab, in der Klang und Sinn sich so rasch verwandeln. Ihre wollüstige Trägheit befiederte ihre Worte mit einem zarten Flaum, wie Daunenbällchen schwebten sie an mein Ohr. Ihr Körper war üppig, erdhaft, aber die Laute, die aus ihrer Kehle drangen, waren wie klarer Glockenklang.

Sie war sozusagen wie gemacht dafür, schien mir aber keineswegs eine abgebrühte Hure zu sein. Daß sie mit mir gehen und Geld dafür nehmen würde, das stand für mich fest – aber das macht eine Frau noch nicht zur Hure.

Sie legte Hand an mich, und wie ein dressierter Seehund richtete mein Specht sich jubilierend unter ihrer zarten Liebkosung auf.

«Beherrschen Sie sich», flüsterte sie, «es ist nicht gut, sich so rasch zu erregen.»

«Gehen wir hier weg», schlug ich vor und winkte dem Kellner.

«Ja», sagte sie, «gehen wir wohin, wo wir ungestört sprechen können.»

Je weniger gesprochen wird, desto besser, dachte ich, während ich meine Sachen zusammenraffte und mit ihr auf die Straße hinausging. Ein wundervolles Hinterteil, stellte ich fest, als sie durch die Drehtür segelte. Ich sah sie bereits auf meinen Kleinen gespießt – ein frisches, kräftiges Stück Fleisch, das nur darauf wartete, sachgerecht bearbeitet zu werden.

Als wir den Boulevard überquerten, sagte sie, wie froh sie sei, daß sie jemanden wie mich gefunden habe. Sie kenne niemanden in Paris, sie sei sehr einsam. Ob ich ihr vielleicht ein wenig die Stadt zeigen würde? Es wäre doch lustig, wenn einem ein Ausländer die Hauptstadt des eigenen Landes zeige. Ob ich schon in Amboise, in Blois oder Tours gewesen sei? Vielleicht könnten wir irgendwann einmal dahin fahren. «Ça vous plairait?»

Unter solchem Geplauder schlenderten wir weiter, bis wir zu einem Hotel kamen, das sie zu kennen schien.

«Es ist sauber und behaglich hier», sagte sie. «Und wenn es auch ein wenig kalt ist, so werden wir uns doch im Bett gegenseitig wärmen.» Sie preßte liebevoll meinen Arm.

Das Zimmer war so behaglich wie ein Nest. Ich wartete einen Augenblick auf Seife und Handtücher, gab dem Zimmermädchen ein Trinkgeld und schloß die Tür ab. Sie hatte den Hut und die Pelzkrawatte abgelegt und stand wartend am Fenster, um mich zu umarmen. Was für ein warmes, hingebungsbereites Stück Fleisch! Sie würde sich gewiß schon bei der ersten Berührung von mir ergießen. Gleich darauf begannen wir uns auszuziehen. Ich setzte mich auf den Bettrand, um meine Schuhe aufzuschnüren. Sie stand neben mir und streifte ihre Sachen ab. Als ich aufsah, hatte sie nur noch die Strümpfe an. Sie stand da, als warte sie darauf, daß ich sie aufmerksamer in Augenschein nehme. Ich stand auf und legte wieder die Arme um sie, ließ meine Hände genießerisch über ihre schwellenden Formen gleiten. Sie wand sich aus meinen Armen, schob mich ein wenig von sich und fragte verschämt, ob ich nicht etwas enttäuscht von ihr sei.

«Enttäuscht?» fragte ich. «Wie meinst du das?»

«Findest du mich nicht zu dick?» fragte sie, senkte ihren Blick und betrachtete ihren Nabel.

«Zu dick? Aber du bist wundervoll. Du bist wie ein Renoir.»

Sie errötete. «Renoir?» wiederholte sie, so als hätte sie den Namen noch nie gehört. «Du machst dich über mich lustig.»

«Na, lassen wir's. Komm her, laß mich dein Kätzchen streicheln.»

«Warte, ich bin noch nicht soweit.» Damit ging sie zum Bidet und sagte: «Geh schon ins Bett. Mach es kuschelig und warm für uns, ja?»

Ich zog mich rasch aus, wusch mir höflich den Schwanz und kroch unter die Decke. Das Bidet stand direkt neben dem Bett. Als sie ihre Waschungen beendet hatte, trocknete sie sich mit dem dünnen, fadenscheinigen Handtuch ab. Ich lehnte mich hinüber und spielte mit ihrem krausen Vlies, das noch etwas betaut war. Sie drängte mich ins Bett zurück, beugte sich über mich und tauchte mit ihrem warmen roten Mund rasch zu ihm hinunter. Ich steckte ihr einen Finger hinein, um den Saft steigen zu lassen. Dann zog ich sie auf mich und ließ ihn dabei bis zum Heft eindringen. Es war eine dieser Scheiden, die wie ein Handschuh passen. Ihre geschickten Kontraktionen brachten mich bald außer Atem. Die ganze Zeit ließ sie ihre Zunge an meinem Hals, meinen Achselhöhlen und meinen Ohrläppchen spielen. Mit beiden Händen wippte ich sie auf und ab und ließ ihr Becken rotieren. Schließlich sank sie stöhnend mit ihrem ganzen Gewicht auf mich. Ich rollte sie auf den Rücken, zog mir ihre Beine über die Schultern und legte tüchtig los. Ich dachte, sie würde gar nicht mehr aufhören, zu kommen – es strömte wie aus einem Gartenschlauch. Als ich mich von ihr löste, war mir, als sei meine Erektion eher noch stärker als vorher.

*«Ça c'est quelque chose»,* meinte sie. Dabei umschloß ihre Hand mein Glied und befühlte es anerkennend. «Du weißt, wie man's macht, wie?»

Wir standen auf, wuschen uns und krochen ins Bett zurück. Auf den Ellbogen gestützt, ließ ich meine Hand über ihren Leib auf und ab gleiten. Ihre Augen glänzten, als sie sich völlig entspannt, die Beine gespreizt, mit bebenden Gliedern zurücklegte. Einige Minuten lang verharrten wir schweigend. Ich zündete eine Zigarette für sie an, steckte sie ihr in den Mund, sank zurück und starrte befriedigt an die Decke.

«Werden wir uns öfter sehen?» fragte ich nach einer Weile.

«Das hängt von dir ab», sagte sie und machte einen tiefen Zug. Sie drehte sich herum, um ihre Zigarette auszudrücken, und dann, indem sie sich eng an mich schmiegte und den Blick fest auf mich richtete, sagte sie lächelnd, aber ernst mit ihrer tiefen, vibrierenden Stimme: «Hör mal, ich muß dir etwas sagen. Ich habe eine große Bitte an dich. Ich bin in Verlegenheit, in großer Verlegenheit. Würdest du mir helfen, wenn ich dich darum bitte?»

«Natürlich», sagte ich, «aber wie?»

«Ich meine mit Geld», sagte sie ruhig und schlicht. «Ich brauche eine ganze Menge. Ich *muß* es haben. Ich möchte keine langen Erklärungen abgeben. Du mußt mir einfach glauben, ja?»

Ich beugte mich zum Stuhl und zog mit einem Ruck

meine Hose herüber. Ich fischte alle Scheine und alles Kleingeld aus der Tasche heraus und reichte es ihr. «Ich gebe dir alles, was ich habe», sagte ich. «Mehr kann ich nicht tun.»

Sie legte das Geld auf den Nachttisch neben sich, ohne einen Blick darauf zu werfen, beugte sich über mich und küßte mich auf die Stirn. «Du bist ein Goldstück», sagte sie. Sie blieb über mich gebeugt und sah mir mit stummer, erstickter Dankbarkeit in die Augen. Dann küßte sie mich auf den Mund – nicht leidenschaftlich, sondern langsam, verweilend, als wolle sie der Rührung Ausdruck geben, für die sie keine Worte hatte. Andererseits war sie zu zartfühlend, sie dadurch auszudrücken, daß sie mir ihren Körper anbot.

«Mir fehlen im Augenblick die Worte», sagte sie und fiel in die Kissen zurück. *«Je suis émue, c'est tout.»* Dann, nach einer kurzen Pause, fügte sie hinzu: «Merkwürdig, daß die eigenen Landsleute nie so gut zu einem sind wie ein Fremder. Ihr Amerikaner seid sehr gütig, warmherzig. Wir könnten viel von euch lernen.»

Das war ein altes Lied. Ich schämte mich fast, wieder einmal den freigebigen Amerikaner gespielt zu haben. Ich erklärte ihr, es sei nur ein Zufall, daß ich soviel Geld in der Tasche gehabt hätte. Darauf erwiderte sie, meine Geste sei darum nur um so wundervoller. «Ein Franzose würde sein Geld verstecken», sagte sie. «Er würde es niemals dem erstbesten Mädchen, dem er begegnet, einfach deshalb geben, weil sie in Not ist. Er würde ihr gar nicht erst glauben. ‹*Je connais la chanson*›, würde er sagen.»

Ich sagte nichts mehr. Es stimmte und stimmte auch wieder nicht. Es gibt alles auf der Welt, und wenn ich auch bis dahin noch keinem freigebigen Franzosen begegnet war, so glaubte ich doch, daß es solche geben müsse. Hätte ich ihr erzählt, wie schäbig sich meine Freunde, meine ei-

24

genen Landsleute mir gegenüber benommen hatten, sie hätte es mir nicht geglaubt. Und hätte ich dann noch gesagt, daß es nicht Freigebigkeit war, was mich dazu bewogen hatte, sondern Selbstmitleid, ich hatte es gewissermaßen mir selbst gegeben (denn niemand konnte mir gegenüber so freigebig sein wie ich selbst), so hätte sie mich vermutlich für leicht verrückt gehalten.

Ich schmiegte mich an sie und vergrub den Kopf zwischen ihren Brüsten. Mein Kopf wanderte nach unten, ich leckte ihren Nabel, dann tiefer, um ihren dichten Haarbusch zu küssen. Langsam nahm sie meinen Kopf zwischen ihre Hände, zog mich auf sich und vergrub ihre Zunge in meinem Mund. Mein Pint wurde augenblicklich steif – so selbstverständlich, als habe man eine Maschine angeschaltet, glitt ich in sie hinein. Ich hatte einen jener unermüdlichen, ausdauernden Ständer, die eine Frau verrückt machen. Ich schwenkte sie nach Lust und Laune herum, bald war ich über, bald unter ihr, bald kam ich von der Seite. Ich machte sie rasend, indem ich ihn langsam herauszog und ihr die Schamlippen mit der Spitze meiner Rute massierte. Schließlich zog ich ihn ganz heraus und wirbelte ihn um ihre Brüste. Erstaunt betrachtete sie ihn. «Ist es dir gekommen?» wollte sie wissen. «Nein», sagte ich. «Jetzt werden wir noch etwas anderes probieren», und damit zog ich sie aus dem Bett und brachte sie in die rechte Position für eine ordentliche, kräftige Attacke von hinten. Sie griff zwischen ihren Beinen hindurch und steckte ihn für mich hinein, wobei sie einladend mit dem Arsch wackelte. Sie fest um die Lenden haltend, schoß ich ihn ihr in die Eingeweide. «Oh, oh, das ist herrlich, das ist wundervoll», stöhnte sie und ließ ihren Hintern in rasendem Schwung rotieren. Ich zog ihn wieder heraus, um ihn Luft schnappen zu lassen, und rieb ihn spielerisch an ihren Hinterbacken. «Nein, nein», bettelte sie, «tu das nicht.

Steck ihn rein, steck ihn ganz tief rein ... ich halt's nicht mehr aus.» Wieder griff sie nach ihm und brachte ihn für mich unter. Diesmal beugte sie den Rücken noch tiefer, und er stieß nach oben, als hätte er es auf den Kronleuchter abgesehen. Wieder spürte ich es kommen, mitten aus dem Rückgrat. Ich beugte ein wenig die Knie und trieb ihn noch ein oder zwei Zoll tiefer hinein. Dann – peng! – krepierte er wie ein Feuerwerkskörper.

Es war längst an der Zeit, zu Abend zu essen, als wir uns unten auf der Straße vor einem Pissoir trennten. Ich hatte keine feste Verabredung mit ihr getroffen, mich auch nicht nach ihrer Adresse erkundigt. Es galt stillschweigend als ausgemacht, daß ich sie wieder im Café treffen würde. Als wir uns eben verabschiedet hatten, fiel mir ein, daß ich sie gar nicht nach ihrem Namen gefragt hatte. Ich rief sie zurück und fragte sie, nicht nach ihrem vollen Namen, sondern nach ihrem Vornamen. «N-y-s», buchstabierte sie. «Wie die Stadt Nice.» Ich schritt davon und wiederholte ihn mir immer wieder. Ich hatte noch nie von einem Mädchen mit so einem Namen gehört. Er klang wie der Name eines Edelsteins.

Als ich zur place Clichy kam, verspürte ich richtigen Heißhunger. Ich blieb vor einem Fischrestaurant in der avenue de Clichy stehen und studierte die ausgehängte Speisekarte. Ich hatte Lust auf Muscheln, Hummern, Austern, Schnecken, gekochte Blaufelchen, ein Tomatenomelett, einige zarte Spargelspitzen, einen würzigen Käse, einen Laib Brot, eine Flasche gekühlten Wein, ein paar Feigen und Nüsse. Ich tastete meine Tasche ab, wie ich es immer tue, bevor ich ein Restaurant betrete, und fand nur einen einzigen Sou. Scheiße, dachte ich bei mir, sie hätte mir wenigstens ein paar Francs lassen können.

Ich machte mich schnellen Schrittes auf den Heimweg, um zu sehen, ob ich noch etwas im Speiseschrank hatte. Es

war eine gute halbe Stunde bis zu unserer Wohnung in Clichy, jenseits der Porte. Carl hatte vermutlich bereits zu Abend gegessen, aber vielleicht gab es noch einen Knust Brot und ein wenig Wein auf dem Tisch. Ich ging immer schneller, wobei mein Hunger mit jedem Schritt zunahm.

Als ich in die Küche stürmte, sah ich auf den ersten Blick, daß er noch nicht gegessen hatte. Ich suchte überall, fand aber nicht das kleinste Krümchen. Es gab auch keine leeren Pfandflaschen. Ich geriet ganz aus dem Häuschen. Ich raste wieder davon, fest entschlossen, in dem kleinen Restaurant bei der place Clichy, wo ich häufig aß, um Kredit zu bitten. Als ich vor dem Restaurant stand, verlor ich den Mut und drehte ab. Ich strolchte nun ziellos umher, in der Hoffnung, durch ein Wunder jemandem, den ich kannte, in die Arme zu laufen. Etwa eine Stunde trieb ich mich herum, bis ich so erschöpft war, daß ich beschloß, nach Hause und ins Bett zu gehen. Unterwegs fiel mir ein Freund ein, ein Russe, der in der Nähe der äußeren Boulevards wohnte. Ich hatte ihn seit einer Ewigkeit nicht mehr gesehen. Ich konnte doch nicht einfach bei ihm hereinschneien und ihn anpumpen! Da kam mir eine glänzende Idee: Ich würde nach Hause gehen, die Schallplatten holen und sie ihm als kleines Geschenk mitbringen. Dann würde es leichter sein, nach einigen Umschweifen auf ein belegtes Brot oder ein Stück Kuchen anzuspielen. Ich beschleunigte meinen Schritt, obwohl ich hundemüde und lendenlahm war.

Als ich zu Hause anlangte, stellte ich fest, daß es schon fast Mitternacht war. Ich war wie vernichtet. Es war sinnlos, weiter nach Fourage zu suchen. Ich würde zu Bett gehen in der Hoffnung, am Morgen etwas aufzutreiben. Während ich mich auszog, kam mir eine neue, allerdings nicht so brillante Idee, aber immerhin ... Ich ging zum Ausguß und öffnete den kleinen Verschlag, in dem der Abfalleimer stand. Ich nahm den Deckel ab und schaute hinein. Auf dem Boden lagen ein paar Knochen und ein Brotkanten. Ich fischte die trockene Kruste heraus, kratzte sorgfältig den Schimmel ab, um so wenig wie möglich zu verschwenden, und weichte sie unter dem Leitungswasser auf. Dann biß ich langsam hinein und holte aus jeder Krume das Möglichste heraus. Als ich das Zeug herunterschluckte, verzog sich mein Gesicht zu einem immer breiteren Lächeln. Morgen, dachte ich bei mir, gehe ich zurück zu dem Laden und biete die Bücher zum halben Preis an – oder zu einem Drittel oder einem Viertel des Preises. Das gleiche würde ich mit den Schallplatten machen. Müßten wenigstens zehn Francs einbringen. Ich würde mir ein gutes, herzhaftes Frühstück gönnen und dann . . . Nun, danach war alles möglich. Wir würden sehen . . . Ich lächelte aufs neue, so als lächelte ich mit wohlgenährtem Magen. Meine Laune wurde immer besser. Diese Nys hatte sich bestimmt eine Pfundsmahlzeit geleistet. Wahrscheinlich mit ihrem Liebhaber. Ich hatte nicht den geringsten Zweifel, daß sie einen hatte. Ihr großes Problem, ihr Dilemma war zweifellos, wie sie ihn durchfüttern, ihm Anzüge und all die kleinen Dinge, auf die er aus war, kaufen konnte. Immerhin, es war ein königlicher Fick gewesen, obwohl ich mich dabei in die Patsche gefickt hatte. Ich sah sie vor mir, wie sie die Serviette an ihre vollen, reifen Lippen hob, um die Sauce von dem zarten Hühnchen wegzuwischen, das sie sich bestellt hatte. Welche Weine mochte sie wohl bevorzugen? Wenn wir nur in die Touraine fahren könnten! Aber dazu war eine Menge Zaster nötig. Ich würde nie soviel Geld haben. Niemals. Trotzdem schadete es nicht, davon zu träumen. Ich trank noch ein Glas Wasser. Als ich das Glas zurückstellte, entdeckte ich in einer Ecke des Schrankes ein Stück Roquefort. Wenn da doch noch ein Stückchen Brot wäre! Um sicher zu gehen, daß ich nichts übersehen hatte, öffnete ich noch einmal den Abfalleimer. Ein paar Knochen in schimmeligem Fett glotzten mich an.

Ich wollte noch ein Stück Brot haben – unbedingt. Vielleicht konnte ich mir von einem Nachbarn einen Kanten borgen. Ich öffnete die Flurtür und ging auf Zehenspitzen hinaus. Es herrschte Grabesstille. Ich legte mein Ohr an eine der Türen und lauschte. Ein Kind hustete schwach. Sinnlos. Selbst wenn noch jemand wach war – es ging nicht. Nicht in Frankreich. Wer hat schon jemals von einem Franzosen gehört, der tief in der Nacht an die Tür eines Nachbarn klopfte, um einen Brotkanten zu erbitten? «Scheiße», murmelte ich vor mich hin, «wenn man an all das Brot denkt, das wir schon in den Mülleimer geworfen haben!» Ich biß wütend in den Roquefort. Er war alt und ranzig. Er zerbröckelte wie ein in Urin getränktes Stück Gips. Diese Schlampe – Nys! Wenn ich nur ihre Adresse wüßte, dann würde ich hingehen und sie um ein paar Francs bitten. Ich mußte nicht bei Verstand gewesen sein, daß ich nicht wenigstens etwas Kleingeld zurückbehalten hatte. Einer Hure Geld zu geben, ist genauso, als werfe man es in die Gosse. Ihre große Not! Noch ein Hemd, höchstwahrscheinlich, oder ein Paar reinseidene Strümpfe, die sie im Vorbeigehen in einem Schaufenster erspäht hatte.

Ich steigerte mich in eine schöne Wut hinein. Nur weil nicht noch ein Brotkanten im Haus war. Idiotisch! Völlig idiotisch! In meinem Delirium begann ich von Malzmilch-Shakes zu träumen und wie in Amerika immer ein ganzes Glas voll im Shaker zurückblieb. Der Gedanke daran war quälend. In Amerika war immer *mehr* da, als man brauchte, nicht weniger. Als ich meine Sachen abstreifte, betastete ich meine Rippen. Sie standen heraus wie die Quetschfalten einer Ziehharmonika. Diese pummelige

kleine Schnalle, Nys – die starb bestimmt nicht an Unterernährung. Noch mal Scheiße! – und ins Bett.

Ich hatte kaum die Decke über mich gezogen, als ich wieder zu lachen anfing. Diesmal war es erschreckend. Ich mußte so hysterisch lachen, daß ich nicht aufhören konnte. Es war wie tausend gleichzeitig losgehende Leuchtkugeln. Ganz gleich, an was ich dachte – und ich versuchte, an traurige und sogar schreckliche Dinge zu denken –, das Lachen hörte nicht auf. *Wegen einer kleinen Brotkruste!* Dieser Satz verfolgte mich unentwegt und stürzte mich in immer neue Lachanfälle.

Ich lag erst eine Stunde im Bett, als ich Carl kommen hörte. Er ging gleich in sein Zimmer und schloß die Tür hinter sich. Ich war drauf und dran, ihn zu bitten, noch einmal fortzugehen und mir ein belegtes Brot und eine Flasche Wein zu besorgen. Dann hatte ich eine bessere Idee. Ich würde früh am Morgen, wenn er noch schlief, aufstehen, und seine Taschen plündern. Während ich mich hin und her wälzte, hörte ich ihn ins Badezimmer gehen. Er kicherte und tuschelte, höchstwahrscheinlich mit einer Nutte, die er auf dem Heimweg aufgegabelt hatte.

Als er aus dem Badezimmer kam, rief ich ihn.

«Du bist also noch wach?» sagte er hocherfreut. «Was ist los, bist du krank?»

Ich erklärte, ich hätte Hunger, einen Wolfshunger. Ob er etwas Kleingeld habe?

«Ich bin abgebrannt», sagte er. Das sagte er so fröhlich, als sei es völlig unwichtig.

«Hast du nicht wenigstens einen Franc?» fragte ich.

«Kümmer dich jetzt nicht um Francs», sagte er und setzte sich auf den Bettrand, mit der Miene eines Menschen, der einem eine wichtige Neuigkeit anvertrauen will. «Wir haben uns jetzt um Wichtigeres zu kümmern. Ich hab ein Mädchen mit nach Hause gebracht – eine

Waise. Sie kann höchstens vierzehn sein. Ich hab ihr gerade einen verpaßt. Hast du mich gehört? Ich hoffe, ich hab sie nicht angebumst. Sie ist noch Jungfrau.»

«Du meinst, sie *war* es», warf ich ein.

«Hör zu, Joey», sagte er und dämpfte seine Stimme, um sie überzeugender klingen zu lassen, «wir müssen etwas für sie tun. Sie hat keine Bleibe ... ist von zu Hause weggelaufen. Als ich sie aufgabelte, lief sie wie in Trance herum, halb verhungert und leicht verhuscht, wie ich zuerst dachte. Aber nein, nein, sie ist okay. Nicht sehr helle, aber ein braves Ding. Wahrscheinlich aus guter Familie. Sie ist noch ein Kind ... Du wirst sehen. Vielleicht heirate ich sie, wenn sie volljährig ist. Jedenfalls ist kein Geld da. Ich habe meinen letzten Cent ausgegeben, um sie zum Essen einzuladen. Wirklich schlimm, daß du nichts zu essen hattest. Du hättest mit uns kommen sollen. Wir hatten Austern, Hummer, Krabben – und einen wundervollen Wein. Einen Chablis, Jahrgang ...»

«Scheiß auf den Jahrgang!» schrie ich. «Erzähl mir nicht, was ihr gegessen habt. Ich fühle mich so leer wie eine ausgekippte Mülltonne. Und jetzt haben wir auch noch drei Mäuler zu füttern, und kein Geld, keinen Sou.»

«Nimm es nicht so schwer, Joey», sagte er lächelnd, «du weißt, daß ich für den Notfall immer noch ein paar Francs in der Tasche behalte.» Er griff in seine Tasche und zog das Kleingeld heraus. Es waren alles in allem 3 Francs 60. «Das reicht für dein Frühstück», sagte er. «Morgen ist wieder ein Tag.»

In diesem Augenblick steckte das Mädchen den Kopf durch den Türspalt. Carl sprang auf und brachte sie mir ans Bett. «Colette», stellte er vor, als ich die Hand ausstreckte, um sie zu begrüßen. «Was hältst du von ihr?»

Bevor ich Zeit hatte zu antworten, wandte das Mädchen sich an ihn und fragte ganz erschreckt, in welcher Sprache wir uns unterhielten.

«Erkennst du nicht Englisch, wenn du es hörst?» sagte Carl und warf mir einen Blick zu, der heißen sollte, ich hab dir ja gesagt, daß sie nicht alle Tassen im Schrank hat.

Rot vor Verlegenheit erklärte das Mädchen rasch, es habe zuerst wie Deutsch oder vielleicht Belgisch geklungen.

«Es gibt kein Belgisch», schnaubte Carl. Dann zu mir: «Sie ist ein kleiner Dummkopf. Aber schau dir diesen Busen an! Hübsch reif für vierzehn, was? Sie schwört, sie sei siebzehn, aber ich glaube es ihr nicht.»

Colette stand da und lauschte den fremden Lauten, noch immer nicht imstande, zu begreifen, daß Carl etwas anderes als Französisch sprechen konnte. Schließlich wollte sie wissen, ob er wirklich Franzose sei. Das schien ihr besonders wichtig.

«Klar bin ich Franzose», sagte Carl vergnügt. «Merkst du es nicht an meiner Aussprache? Oder spreche ich etwa wie ein Boche? Willst du meinen Paß sehen?»

«Den zeig ihr lieber nicht», sagte ich, denn ich erinnerte mich, daß er einen tschechischen hatte.

«Möchtest du vielleicht hinübergehen und dir das Bett ein bißchen ansehen?» sagte er und legte den Arm um Colettes Taille. «Die Bettücher werden wir wohl wegwerfen müssen. Ich kann sie nicht zur Wäscherei bringen. Die würden denken, ich habe einen Mord begangen.»

«Laß *sie* es doch waschen», sagte ich scherzend. «Da gäb's 'ne Menge zu tun, wenn sie uns hier den Haushalt führen will.»

«Du willst also, daß sie hierbleibt? Aber du weißt, daß das ungesetzlich ist. Das kann uns ins Gefängnis bringen.»

«Besorg ihr lieber einen Schlafanzug oder ein Nachthemd», sagte ich, «denn wenn sie nachts in diesem ver-

34

rückten Hemd von dir herumläuft, könnte ich mich vergessen und sie vergewaltigen.»

Er betrachtete Colette und brach in Lachen aus.

«Was ist los?» rief sie. «Macht ihr euch über mich lustig? Warum spricht dein Freund nicht Französisch?»

«Du hast recht», sagte ich. «Von jetzt an sprechen wir Französisch und nur Französisch. *D'accord?*»

Sie grinste kindisch, beugte sich zu mir herab und gab mir einen Kuß auf beide Wangen. Dabei rutschten ihre Brüste aus dem Hemd und streiften mein Gesicht. Das kurze Hemd öffnete sich von oben bis unten und enthüllte einen köstlich glatten, jungen Körper.

«Um Gottes willen, schaff sie fort und sperr sie in dein Zimmer», sagte ich. «Wenn sie in diesem Aufzug hier herumschleicht, während du nicht da bist, garantiere ich für nichts.»

Carl verfrachtete sie in sein Zimmer und setzte sich wieder zu mir aufs Bett. «Da haben wir uns was Schönes aufgehalst, Joey», begann er, «und du mußt mir helfen. Du kannst mit ihr machen, was du willst, wenn ich den Rükken kehre. Ich bin nicht eifersüchtig, das weißt du. Aber laß sie bloß nicht in die Hände der Polizei fallen. Wenn sie geschnappt wird, ist ihr die Fürsorge sicher und uns das Kittchen. Der Haken ist nur der: Was erzählen wir der Concierge? Ich kann das Mädchen hier nicht einsperren wie einen Hund. Vielleicht sage ich, sie sei eine Cousine von mir, die zu Besuch gekommen ist. Abends, wenn ich zur Arbeit gehe, mußt du sie mitnehmen ins Kino. Oder mit ihr spazierengehen. Sie ist nicht anspruchsvoll. Gib ihr Unterricht in Geographie oder sonstwas – sie hat von nichts eine Ahnung. Es wird gut für dich sein, Joey. Du wirst dein Französisch verbessern ... Und bumse sie bloß nicht an, wenn es sich irgendwie vermeiden läßt. Ich kann jetzt kein Geld für Abtreibungen ranschaffen. Außerdem weiß ich nicht, wo der ungarische Doktor hingezogen ist.»

Ich hörte ihm schweigend zu. Carl hatte eine ausgesprochene Begabung, in schwierige Situationen verwickelt zu werden. Sein großer Fehler – oder vielleicht war es eine Tugend – bestand darin, daß er nicht nein sagen konnte. Die meisten Menschen sagen sofort nein, aus blindem Selbsterhaltungstrieb. Carl sagte immer «Ja», «Selbstverständlich», «Natürlich». Er konnte dem Impuls eines Augenblicks gehorchen und sich damit für ein ganzes Leben kompromittieren, aber im Grunde wußte er wohl, daß der Selbsterhaltungstrieb, der andere nein sagen ließ, sich auch bei ihm im kritischen Augenblick melden würde. Bei all seinen Anwandlungen von Wärme und Großzügigkeit, bei aller instinktiven Güte und Zartheit war er doch der unberechenbarste Bursche, den ich jemals kennengelernt habe. Kein Mensch, keine Macht der Erde konnte ihn festnageln, wenn er einmal entschlossen war, sich zu befreien. Er war glatt wie ein Aal, listig, einfallsreich und völlig hemmungslos. Er kokettierte mit der Gefahr, nicht weil er Mut hatte, sondern weil sie ihm Gelegenheit gab, seinen Verstand zu schärfen und seine Art von Jiu-Jitsu anzuwenden. Wenn er was getrunken hatte, wurde er leichtsinnig und verwegen. Herausfordernd konnte er dann ein Polizeirevier betreten und aus vollem Halse *Merde!* schreien. Wurde er festgenommen, so entschuldigte er sich damit, daß er wohl vorübergehend den Verstand verloren habe. Und er kam damit durch! Gewöhnlich trieb er seinen Jux so rasch, daß er, bevor den verblüfften Friedenswächtern die Sache zum Bewußtsein kam, bereits ein paar Häuserblocks weiter war und vielleicht auf einer Café-*terrasse* ein Bier trank und so unschuldig wie ein Lamm dasaß.

Wenn Carl in Geldverlegenheit war, versetzte er immer seine Schreibmaschine. Anfangs bekam er dafür bis zu

vierhundert Francs, was damals ein hübsches Sümmchen war. Er behandelte seine Maschine mit äußerster Sorgfalt, da er sie häufig verpfänden mußte. Mir ist noch lebhaft gegenwärtig, wie er das Ding jedesmal, wenn er sich zum Schreiben hinsetzte, abstaubte und ölte und wie er, sobald er fertig war, vorsichtig die Schutzhülle darüber legte. Ich bemerkte auch, daß er sich insgeheim jedesmal erleichtert fühlte, wenn er sie verpfändet hatte: bedeutete es doch, daß er einen Feiertag einlegen konnte, ohne ein schlechtes Gewissen haben zu müssen. Aber wenn das Geld alle war und ihm nur noch freie Zeit blieb, wurde er kribbelig. Gerade dann, schwor er, hätte er immer die besten Ideen. Wenn diese Ideen ihn überkamen und von ihm Besitz ergriffen, kaufte er sich ein kleines Notizbuch, verschwand irgendwohin und schrieb sie mit dem Füllfederhalter nieder, einem der hübschesten Parker, die ich je gesehen habe. Daß er sich heimlich Notizen machte, wollte er mir gegenüber nie zugeben, das kam immer erst später heraus. Nein, er kam nach Hause und machte ein griesgrämiges, saures Gesicht und sprach von einem verpißten Tag. Wenn ich vorschlug, er solle in die Redaktion der Zeitung gehen, wo er nachts arbeitete, und dort eine der Maschinen benutzen, wußte er bestimmt einen triftigen Grund, warum das unmöglich war.

Ich erwähne diese Geschichte mit der Maschine, und daß er sie nie hatte, wenn er sie wirklich brauchte, weil es zu seinem Wesen gehörte, sich selbst Schwierigkeiten zu bereiten. Es war ein kunstvolles Manöver, das immer vorteilhaft für ihn ausging, obwohl es zunächst keineswegs danach aussah. Hätte er nicht in regelmäßigen Abständen auf seine Maschine verzichten müssen, so wären seine Einfälle wohl versiegt, er hätte jeden Mut verloren und wäre weit über das normale Maß hinaus unproduktiv gewesen. Seine Fähigkeit, sozusagen auf Tauchstation zu gehen, war verblüffend. Die meisten Leute, die ihn erlebten, wenn das Wasser über ihm zusammenschlug, gaben ihn gewöhnlich auf. Aber er war nie wirklich in Gefahr, zu ertrinken. Wenn er diesen Eindruck hervorrief, so nur deshalb, weil er ein so großes Bedürfnis nach Mitgefühl und Anteilnahme hatte. Wenn er wieder auftauchte und von seinen Unterwasser-Erfahrungen berichtete, war das die reinste Offenbarung. Vor allem bewies es, daß er die ganze Zeit über quicklebendig gewesen war. Nicht nur quicklebendig, sondern auch höchst aufmerksam. Als sei er wie ein Fisch in einem Aquarium herumgeschwommen, als habe er alles durch ein Vergrößerungsglas gesehen.

Er war in vieler Hinsicht ein seltsamer Vogel. Einer, der überdies seine eigenen Gefühle wie das Werk einer Schweizer Uhr auseinandernehmen und untersuchen konnte.

Für einen Künstler sind die schlimmen Erfahrungen ebenso fruchtbar wie die guten, manchmal sogar noch fruchtbarer. Für ihn ist jede Erfahrung fruchtbar und kann in Kapital verwandelt werden. Carl war der Typ des Künstlers, der fürchtet, sein Kapital aufzubrauchen. Statt seinen Erfahrungskreis zu erweitern, zog er es vor, sein Kapital zu horten. Das tat er, indem er das natürliche Fließen auf ein dünnes Tröpfeln reduzierte.

Das Leben versorgt uns ständig mit neuen Mitteln, neuen Hilfsquellen, selbst wenn wir stagnieren. Im Hauptbuch des Lebens gibt es keine eingefrorenen Guthaben.

Worauf ich hinauswill, ist, daß Carl unbewußt sich selbst betrog. Er war immer bemüht, sich zurückzuhalten, statt sich zu verströmen. So kam es, daß seine Abenteuer, wenn er im Leben oder beim Schreiben über die Stränge schlug, etwas Halluzinatorisches annahmen. Gerade das, was er zu erleben oder auszudrücken fürchtete,

war das, womit er sich im ungeeignetsten Augenblick, das heißt, wenn er am wenigsten darauf vorbereitet war, auseinandersetzen mußte. Seine Verwegenheit entsprang also eher der Verzweiflung. Manchmal verhielt er sich wie eine Ratte in der Falle – auch bei seiner Arbeit. Die Leute fragten sich, woher er den Mut oder auch nur die Erfindungskraft nahm, gewisse Dinge zu tun oder zu sagen. Sie vergaßen dabei, daß er immer wieder über die Selbstmordgrenze hinausgegangen war. Selbstmord war für Carl einfach keine Lösung. Wenn er hätte sterben und dabei seinen eigenen Tod beschreiben können, das hätte er wunderbar gefunden. Bei manchen Gelegenheiten sagte er, er könne sich nicht vorstellen, je zu sterben, es sei denn, bei einer Naturkatastrophe. Er sagte das nicht wie jemand, der vor Vitalität strotzt, sondern wie jemand, der sich weigert, seine Energie zu verschwenden, und der noch stets dafür gesorgt hatte, daß die Uhr nicht ablief.

Wenn ich an unsere gemeinsame Zeit in Clichy zurückdenke, kommt sie mir wie ein Aufenthalt im Paradies vor. Nur das Nahrungsproblem war ein echtes Problem. Alle anderen Leiden bestanden lediglich in unserer Einbildung. Das erklärte ich ihm hin und wieder, wenn er sich darüber beklagte, ein Sklavenleben führen zu müssen. Er pflegte darauf zu antworten, ich sei ein unverbesserlicher Optimist, aber es war nicht Optimismus, es war die Erkenntnis, daß, wenn auch die Welt eifrig an ihrem Grab schaufelte, doch noch Zeit blieb, das Leben zu genießen, fröhlich und sorglos zu sein, zu arbeiten oder auch nicht zu arbeiten.

Sie dauerte ein gutes Jahr, diese Zeit, und während dieser Monate schrieb ich *Schwarzer Frühling*, radelte am Ufer der Seine hinauf und hinunter, machte kleine Reisen in den Midi und zu den Loire-Schlössern und schließlich mit Carl einen verrückten Ausflug nach Luxemburg.

Es war eine Zeit, wo die Möse in der Luft lag. Die englischen Girls traten im Casino de Paris auf. Sie aßen in einem *prix-fixe*-Restaurant in der Nähe der place Blanche. Wir freundeten uns mit der ganzen Truppe an, insbesondere mit einer hinreißend schönen Schottin und ihrer eurasischen Freundin aus Ceylon. Die Schottin hängte Carl am Schluß einen prächtigen Tripper an, den sie von ihrem Negerliebhaber in der Melody-Bar bezogen hatte. Aber damit greife ich meiner Geschichte vor. Schließlich gab es noch eine Garderobiere in einem kleinen Tanzlokal in der rue Fontaine, das wir gewöhnlich an Carls freien Abenden besuchten. Sie war eine Nymphomanin, lebenslustig und sehr bescheiden in ihren Ansprüchen. Sie führte uns bei einem Rudel Mädchen ein, die an der Bar herumlungerten und uns, wenn sie nichts Besseres auftreiben konnten, am Ende des Abends für ein Butterbrot mitnahmen. Eine von ihnen bestand immer darauf, uns beide mit zu sich nach Hause zu nehmen – sie sagte, das rege sie auf. Dann war da noch das Mädchen aus der *épicerie*, deren amerikanischer Mann sie verlassen hatte. Sie ließ sich gern ins Kino und anschließend ins Bett mitnehmen, wo sie dann die ganze Nacht wachlag und in gebrochenem Englisch redete. Es war ihr gleich, mit wem von uns sie schlief, da wir ja beide Englisch sprachen. Und schließlich war da Jeanne, die mein Freund Fillmore sitzengelassen hatte. Jeanne schneite zu den ausgefallensten Tages- und Nachtzeiten herein, immer mit Weinflaschen beladen. Sie trank wie ein Fisch, um sich zu trösten. Sie war zu allem bereit, nur mit uns ins Bett gehen wollte sie nicht. Eine hysterische Person, ständig zwischen größter Ausgelassenheit und schwärzester Melancholie schwankend. Wenn sie einen Schwips hatte, wurde sie sinnlich und wild. Man konnte sie ausziehen, ihr die Hinterbacken tätscheln, ihre Titten bearbeiten, sie lekken, aber wenn man den Pint auch nur in die Nähe ihrer

Möse brachte, geriet sie aus dem Häuschen. Sie konnte einen leidenschaftlich beißen und einen mit ihren kräftigen Bauernhänden am Schwengel ziehen, um im nächsten Augenblick wild zu schluchzen, mit den Füßen zu treten oder blind um sich zu schlagen. Gewöhnlich ließ sie bei uns ein Trümmerfeld zurück. Manchmal rannte sie in ihren Wutanfällen halbnackt aus dem Haus, um in der nächsten Minute wiederzukommen, zahm wie ein Kätzchen und voller Entschuldigungen. In solchen Momenten hätte man ihr, wenn man gewollt hätte, einen guten Fick verpassen können, aber das taten wir nie.

«Nimm du sie», höre ich Carl noch heute zu mir sagen, «ich habe die Nase voll von dem Aas, sie ist meschugge.» Ich dachte nicht anders über sie. Aus reiner Freundschaft quetschte ich sie an den Heizkörper und rieb ihr einen ab, tankte sie mit Cognac auf und schob sie ab. Sie schien jedesmal äußerst dankbar für derartige kleine Aufmerksamkeiten. Wie ein Kind.

Es gab noch ein anderes Mädchen, das wir später durch Jeanne kennenlernten, ein unschuldig aussehendes Ding, aber gefährlich wie eine Viper. Sie kleidete sich bizarr, ein wenig überspannt, möchte ich sagen, was mit ihrem Pocahontas-Komplex zusammenhing. Sie war eine Pariserin und die Geliebte eines berühmten surrealistischen Dichters – was wir allerdings erst später erfuhren.

Kurz nachdem wir ihre Bekanntschaft gemacht hatten, trafen wir sie eines Nachts, wie sie allein in den alten Festungsanlagen spazierenging. Das war zu dieser nächtlichen Stunde ein seltsames und reichlich verdächtiges Unternehmen. Sie grüßte zurück wie in Trance. Sie schien sich an unsere Gesichter zu erinnern, hatte aber offensichtlich vergessen, wo oder wann wir uns begegnet waren, und sie schien auch nicht geneigt, ihre Erinnerung aufzufrischen. Sie akzeptierte unsere Gesellschaft, wie sie die jedes anderen hingenommen hätte, der zufällig des Weges gekommen wäre. Sie machte nicht den geringsten Versuch, sich mit uns zu unterhalten, sondern nahm einfach ihre Selbstgespräche wieder auf. Carl, der in solchen Dingen geschickt war, ging in der ihm eigenen schizophrenen Weise auf sie ein. Schritt für Schritt lotsten wir sie wie eine Schlafwandlerin zu unserem Haus zurück und in die Wohnung hinauf. Kein Sterbenswörtchen, wohin wir gingen, was wir vorhatten. Sie kam herein und setzte sich auf den Diwan, als sei sie hier zu Hause. Sie verlangte Tee und ein Sandwich, als bestelle sie das beim *garçon* im Café. Und im gleichen Tonfall fragte sie uns, wieviel wir ihr geben würden, wenn sie bei uns bliebe. In ihrer sachlichen Art fügte sie hinzu, daß sie zweihundert Francs für die am nächsten Tag fällige Miete brauche. Zweihundert Francs seien wahrscheinlich ziemlich viel, bemerkte sie, aber die brauche sie nun einmal. Sie sprach wie jemand, der seinen Speiseschrank wieder auffüllen muß: Also, da brauchen wir Eier, Butter, ein Brot und vielleicht ein Glas Marmelade. So und nicht anders. «Wenn ihr wollt, daß ich euch einen abkaue, oder lieber von hinten, mir soll alles recht sein», sagte sie und nippte dabei an ihrem Tee wie eine Herzogin auf einem Wohltätigkeitsbasar. «Mein Busen ist noch fest und appetitlich», fuhr sie fort, knöpfte die Bluse auf und holte eine Handvoll heraus. «Ich kenne Männer, die tausend Francs bezahlen würden, um mit mir zu schlafen, aber es ist mir zu langweilig, hinter ihnen her zu laufen. Ich brauche zweihundert Francs, nicht mehr und nicht weniger.» Sie hielt einen Augenblick inne und warf einen Blick auf ein Buch, das dicht vor ihr auf dem Tisch lag. Dann fuhr sie mit der gleichen tonlosen Stimme fort: «Ich habe auch Gedichte, ich werde sie euch später zeigen. Sie sind vielleicht besser als die da» – was sich auf den Band bezog, auf den sie gerade einen Blick geworfen hatte.

An diesem Punkt begann Carl, der in der Tür stand, mir in der Taubstummensprache Zeichen zu machen, um anzudeuten, sie sei verrückt. Sie hatte in ihrer Handtasche nach den Gedichten gekramt, aber nun blickte sie plötzlich auf und sagte, als sie den verlegenen Ausdruck auf Carls Gesicht wahrnahm, ruhig und gelassen, er sei wohl nicht ganz bei Troste. Im gleichen Atemzug fragte sie: «Habt ihr ein Bidet im Badezimmer? Ich werde euch gleich ein Gedicht vorlesen. Es handelt von einem Traum, den ich gestern abend hatte.» Bei diesen Worten stand sie auf und zog sich langsam Bluse und Rock aus. «Sag deinem Freund, er soll sich fertig machen», sagte sie und löste ihr Haar. «Ich will zuerst mit ihm schlafen.»

Carl fuhr zusammen. Er bekam immer mehr Angst vor ihr, gleichzeitig krümmte er sich vor unterdrücktem Lachen.

«Wart einen Augenblick», sagte er, «trink einen Schluck Wein, bevor du dich wäschst. Es wird dir guttun.» Er brachte rasch eine Flasche und goß ihr ein Glas voll ein. Sie stürzte es herunter, als lösche sie ihren Durst mit einem Glas Wasser. «Zieh mir meine Schuhe und meine Strümpfe aus», sagte sie, lehnte sich an die Wand zurück und hielt ihr Glas hin. *«Ce vin est une saloperie»*, fügte sie mit ihrer monotonen Stimme hinzu, «aber ich bin an ihn gewöhnt. Ihr habt doch die zweihundert Francs, wie? Ich muß genau diesen Betrag haben. Nicht hundertfünfundsiebzig oder hundertachtzig. Gib mir deine Hand ...» Sie nahm Carls Hand, die an ihrem Strumpfgürtel herumgenestelt hatte, und legte sie auf ihre Mieze. «Es gibt Narren, die bis zu fünftausend Francs geboten haben, um das zu betasten. Die Männer sind dumm. Du darfst sie umsonst anfassen. Da, schenk mir noch ein Glas voll ein. Er schmeckt weniger scheußlich, wenn man viel davon trinkt. *Wieviel Uhr ist es?»*

Sobald sie sich im Badezimmer eingeschlossen hatte, platzte Carl heraus. Er lachte wie ein Irrer. Er hatte Angst, das war's. «Ich tue es nicht», sagte er. «Sie könnte mir den Schwanz abbeißen. Schaffen wir sie hier raus. Ich gebe ihr fünfzig Francs und verfrachte sie in ein Taxi.»

«Ich glaube nicht, daß sie damit einverstanden sein wird», sagte ich und genoß sein Unbehagen. «Sie meint es ernst. Außerdem, wenn sie wirklich nicht alle Tassen im Schrank hat, vergißt sie vielleicht ganz das Geld.»

«Das ist ein Gedanke, Joey», rief er begeistert. «Daran habe ich noch gar nicht gedacht. Du hast eine kriminelle Ader. Aber hör zu, laß mich bloß nicht allein mit ihr, verstehst du? Du kannst uns zuschauen – ihr macht das nicht das geringste aus. Sie würde es mit einem Hund treiben, wenn wir's verlangten. Die ist einfach somnambul.»

Ich zog meinen Schlafanzug an und kroch ins Bett. Sie blieb lange im Badezimmer. Wir fingen an, uns Sorgen zu machen.

«Sieh lieber mal nach, was los ist», sagte ich.

«Geh du», sagte er. «Ich hab Angst vor ihr.»

Ich stand auf und klopfte an die Badezimmertür.

«Herein!» rief sie mit derselben dumpfen, tonlosen Stimme.

Ich öffnete die Tür, sie stand splitternackt da, mit dem Rücken zu mir, und schrieb mit dem Lippenstift ein Gedicht an die Wand.

Ich ging zurück, um Carl zu holen. «Sie muß den Verstand verloren haben», sagte ich. «Sie beschmiert die Wände mit ihren Gedichten.»

Während Carl ihre Verszeile laut vorlas, kam mir ein wirklich guter Gedanke. Sie wollte zweihundert Francs. *Gut.* Ich selbst hatte kein Geld, aber ich vermutete, daß Carl etwas hatte – er hatte erst am Tag zuvor sein Gehalt bekommen. Ich wußte, daß ich im *Faust*, der in seinem

48

Zimmer lag, zwei- oder dreihundert Francs zwischen den Seiten finden würde. Carl hatte keine Ahnung, daß ich seinen Geheimtresor entdeckt hatte. Eines Tages war ich zufällig darauf gestoßen, als ich ein Wörterbuch suchte. Ich wußte, daß er in dem *Faust*-Band immer eine kleine Summe versteckt hielt, denn ich hatte mich mehrmals davon überzeugt. Einmal hungerte ich zwei Tage lang mit ihm, obwohl ich wußte, daß im *Faust* Geld war. Ich war einfach neugierig, wie lange er es vor mir verheimlichen würde.

Mein Kopf begann jetzt rasch zu arbeiten. Ich würde die beiden in *mein* Zimmer lotsen, das Geld aus dem Buch holen und es ihr überreichen. Und wenn sie dann das nächste Mal ins Badezimmer ging, würde ich die Scheine wieder aus ihrer Handtasche nehmen und sie in Goethes *Faust* zurücklegen. Carl sollte ihr ruhig die fünfzig Francs geben, von denen er gesprochen hatte, das würde für das Taxi reichen. Daß ihr die zweihundert Francs fehlten, würde sie erst am Morgen bemerken, und wenn sie wirklich verrückt war, würde sie sie überhaupt nicht vermissen, und wenn sie nicht verrückt war, würde sie sich vermutlich sagen, daß sie das Geld im Taxi verloren hatte. In jedem Fall würde sie das Haus verlassen, wie sie es betreten hatte – in Trance. Sie würde gar nicht auf den Gedanken kommen, sich beim Hinausgehen unsere Adresse zu notieren, da war ich sicher.

Es lief alles wie am Schnürchen, nur daß wir sie ficken mußten, ehe wir sie loswurden. Es ging alles unerwartet glatt. Ich hatte ihr die zweihundert Francs zu Carls Überraschung gegeben und ihn beschwatzt, die fünfzig Francs für ein Taxi herauszurücken. Sie war inzwischen eifrig damit beschäftigt, mit Bleistift ein neues Gedicht auf ein Blatt Papier zu schreiben, das sie aus einem Buch gerissen hatte. Ich saß auf dem Diwan, und sie stand splitternackt vor mir, ihr blanker Hintern starrte mir ins Gesicht. Ich wollte doch einmal sehen, ob sie wohl weiterschrieb, wenn ich ihr einen Finger in den Spalt steckte. Ich tat das sehr behutsam, so als durchforschte ich die zarten Blütenblätter einer Rose. Sie kritzelte weiter, ohne den geringsten Ton der Billigung oder Mißbilligung, sondern öffnete nur zu meiner Bequemlichkeit ein wenig mehr die Beine. Sofort hatte ich eine riesige Erektion. Ich stand auf und schob ihr meinen Pint hinein. Sie legte sich nach vorn über den Tisch, den Bleistift noch immer in der Hand. «Bring sie hier herüber», rief Carl, der im Bett lag und sich jetzt wand wie ein Aal. Ich drehte sie herum, führte ihn von vorne ein und zerrte sie, indem ich sie hochhob, hinüber zum Bett. Carl stürzte sich sofort auf sie, grunzend wie ein Wildschwein. Ich ließ ihm seinen Spaß und dann übernahm ich sie wieder von hinten. Als ich fertig war, verlangte sie Wein, und während ich ihr ein Glas eingoß, fing sie an zu lachen. Es war ein unheimliches Lachen, mit nichts zu vergleichen, was ich je zuvor gehört hatte. Plötzlich hielt sie inne, verlangte Papier und Bleistift und eine Schreibunterlage. Sie setzte sich auf, stützte die Füße auf den Bettrand und begann ein neues Gedicht zu verfassen. Als sie ein paar Zeilen geschrieben hatte, fragte sie nach ihrem Revolver.

*«Revolver?»* schrie Carl und sprang aus dem Bett, wie ein aufgescheuchtes Kaninchen. *«Was für einen Revolver?»*

«Der in meiner Handtasche», sagte sie ruhig. «Ich hätte jetzt Lust, jemanden zu erschießen. Ihr habt euch gut amüsiert für eure zweihundert Francs – nun bin ich dran.» Damit stürzte sie sich auf die Handtasche. Wir warfen uns auf sie und zwangen sie zu Boden. Sie biß und kratzte und trat mit aller Kraft um sich.

«Sieh nach, ob sie eine Kanone in der Handtasche hat»,

sagte Carl und hielt sie am Boden fest. Ich sprang auf, ergriff die Tasche und sah, daß keine Waffe drin war. Gleichzeitig nahm ich die zwei Geldscheine heraus und versteckte sie unter dem Briefbeschwerer auf dem Schreibtisch.

«Gieß ihr Wasser über, aber *schnell*», sagte Carl. «Ich glaube, sie bekommt einen Anfall.»

Ich rannte zum Ausguß, füllte einen Krug voll Wasser und schüttete es über sie. Sie schnappte nach Luft, wand sich ein wenig wie ein Fisch auf dem Trockenen, setzte sich auf und sagte mit einem unheimlichen Lächeln: *«Ça y est, c'est bien assez ... laissez-moi sortir.»*

Na schön, dachte ich bei mir, endlich sind wir sie los. Zu Carl: «Paß gut auf sie auf, ich hol ihre Sachen. Wir müssen sie anziehen und in ein Taxi setzen.»

Wir trockneten sie ab und zogen sie an, so gut wir konnten. Ich hatte das dunkle Gefühl, daß sie noch etwas anstellen würde, bevor wir sie aus dem Haus hatten. Und was wäre, wenn sie auf der Straße aus reiner Teufelei zu schreien anfing?

Wir zogen uns schnell an, wobei wir sie mit Argusaugen beobachteten. Gerade als wir gehen wollten, fiel ihr das Stück Papier ein, das sie auf dem Schreibtisch hatte liegen lassen – das unvollendete Gedicht. Als sie danach suchte, fiel ihr Blick auf die Banknoten unter dem Briefbeschwerer.

«Mein Geld!» schrie sie.

«Sei nicht albern», sagte ich ruhig und hielt sie am Arm fest. «Oder glaubst du etwa, daß wir dich bestehlen würden? Dein Geld ist in der Handtasche.»

Sie warf mir einen raschen, durchdringenden Blick zu und schlug die Augen nieder. *«Je vous demande pardon»*, sagte sie. *«Je suis très nerveuse ce soir.»*

«Das kann man wohl sagen», meinte Carl und schob sie

zur Tür. «Sehr clever von dir, Joey», sagte er auf englisch, als wir die Treppe hinuntergingen.

«Wo wohnst du?» erkundigte sich Carl, als das Taxi hielt.

«Nirgendwo», erwiderte sie. «Ich bin müde. Sag ihm, er soll mich an einem Hotel absetzen – an irgendeinem Hotel.»

Carl schien gerührt. «Sollen wir mitkommen?»

«Nein», sagte sie. «Ich will schlafen.»

«Mach schon», sagte ich und zog ihn fort. «Sie wird schon zurechtkommen.»

Ich warf die Tür zu und winkte gute Nacht. Carl stand da und schaute verstört dem entschwindenden Taxi nach.

«Was ist los mit dir? Machst du dir etwa Sorgen wegen ihr? Wenn sie verrückt ist, braucht sie kein Geld – und auch kein Hotel.»

«Ich weiß, aber trotzdem . . . weißt du, Joey, du bist ein hartherziger Hund. *Und das Geld!* Lieber Gott, schließlich haben wir sie doch nach allen Regeln gefickt.»

«Ja», sagte ich, «ein Glück, daß ich wußte, wo du deinen Zaster aufbewahrst.»

«Soll das heißen, daß das *mein* Geld war?» sagte er, als ginge ihm plötzlich ein Licht auf.

«Ja, Joey, das ewig Weibliche zieht uns stets an. Eine großartige Dichtung, der *Faust.*»

Er lehnte sich an die Wand und bog sich in hysterischem Gelächter. «Und ich glaubte, ich wäre hier der Schlaue», sagte er, «aber ich bin ja bloß ein Stümper. Paß auf, morgen hauen wir das Geld auf den Kopf. Wir gehen irgendwo gut essen. Ich lad dich zur Abwechslung mal in ein feudales Restaurant ein.»

«Übrigens», sagte ich, «war eigentlich etwas dran an ihren Gedichten? Ich hatte keine Chance, sie zu lesen. Ich meine die Verse im Badezimmer.»

«Eine Zeile war gut», sagte er. «Das übrige war *lunatical*.»

«*Lunatical*? Dieses Wort gibt es überhaupt nicht im Englischen.»

«Das war es aber. Verrückt – das wäre zu milde ausgedrückt. Man muß schon ein neues Wort dafür prägen. *Lunatical*. Mir gefällt dieses Wort. Ich werde es verwenden ... Und jetzt werde ich *dir* etwas sagen, Joey. Du erinnerst dich an den Revolver?»

«Welchen Revolver? Es war doch überhaupt kein Revolver da.»

«Und ob einer da war», sagte er und lächelte mich seltsam an. «Ich habe ihn im Brotkasten versteckt.»

«Dann hast du also schon vorher ihre Handtasche durchwühlt, was?»

«Ich habe nur nach ein bißchen Kleingeld gesucht», sagte er und ließ den Kopf hängen, als geniere er sich.

«Das glaube ich dir nicht», sagte ich. «Da mußt du schon einen anderen Grund gehabt haben!»

«Du bist ziemlich helle, Joey», erwiderte er fröhlich, «aber hin und wieder entgeht dir doch etwas. Erinnerst du dich, wie sie sich niederhockte, um Pipi zu machen – dort bei den Festungswällen? Da hatte sie mir die Handtasche zum Halten gegeben. Ich fühlte etwas Hartes darin, etwas wie eine Waffe. Ich sagte nichts, denn ich wollte dich nicht erschrecken. Aber als du anfingst, sie hierher zu lotsen, bekam ich es mit der Angst zu tun. Und als sie ins Badezimmer ging, machte ich die Handtasche auf und fand die Kanone. Sie war geladen. Hier sind die Patronen, wenn du mir nicht glauben willst ...»

Ich schaute verblüfft darauf. Mir lief es kalt den Rücken herunter.

«Sie muß wirklich verrückt gewesen sein», sagte ich und stöhnte erleichtert.

«Nein», sagte Carl, «sie ist gar nicht verrückt. Sie tut nur so. Und ihre Gedichte sind auch nicht verrückt – sie sind *lunatical*. Vielleicht hat man sie hypnotisiert; vielleicht hat irgendwer sie in Tiefschlaf versetzt, ihr die Kanone in die Hand gedrückt und ihr befohlen, zweihundert Francs herbeizuschaffen.»

«Du bist ja selber verrückt», rief ich.

Er sagte nichts. Ein paar Minuten ging er mit hängendem Kopf stumm auf und ab. «Was mir ein Rätsel ist», sagte er aufblickend, «ist dies: Warum hat sie das mit dem Revolver so schnell vergessen? Und warum hat sie nicht nach dem Geld in ihrer Handtasche geschaut, als du sie angelogen hast? Ich glaube, sie wußte ganz genau, daß der Revolver fort war und das Geld auch, aber sie hatte wohl Angst vor uns. Und jetzt kriege ich es selbst wieder mit der Angst zu tun. Ich glaube, wir gehen heute nacht lieber in ein Hotel. Und morgen verschwindest du für ein paar Tage ... irgendwohin.»

Ohne noch ein Wort zu verlieren, machten wir uns eiligen Schrittes auf den Weg nach Montmartre, von panischem Schrecken ergriffen ...

Dieser kleine Vorfall beschleunigte unsere Flucht nach Luxemburg. Aber ich bin meiner Geschichte um Monate vorausgeeilt und will jetzt wieder von unserer *ménage à trois* erzählen.

Colette, die obdachlose Waise, verwandelte sich bald in eine Kombination von Aschenbrödel, Mätresse und Köchin. Wir mußten ihr alles beibringen, einschließlich der Kunst, sich die Zähne zu putzen. Sie war ein rechter Tolpatsch, ließ alles fallen, stolperte, verlief sich und so weiter. Dann und wann verschwand sie für ein paar Tage. Was sie dann trieb, war nicht aus ihr herauszukriegen. Je mehr wir fragten, desto verstockter und sturer wurde sie. Manchmal ging sie am Morgen los und kam erst um Mitternacht zurück mit einer streunenden Katze oder einem Hündchen, die sie auf der Straße aufgelesen hatte. Einmal verfolgten wir sie einen ganzen Nachmittag lang, nur um zu sehen, wie sie die Zeit verbrachte. Es war, als folge man einer Schlafwandlerin. Sie ging ziellos, teilnahmslos von einer Straße zur anderen, blieb vor Schaufenstern stehen, setzte sich auf eine Bank, fütterte die Vögel, kaufte sich einen Lolly, stand minutenlang wie in Trance und schritt dann wieder ziellos, teilnahmslos weiter. Wir folgten ihr fünf Stunden lang, und alles, was wir entdeckten, war, daß wir uns ein Kind aufgeladen hatten.

Carl war gerührt über ihre Arglosigkeit. Allerdings machte ihm die schwere sexuelle Kost zu schaffen und auch die Tatsache, daß sie seine ganze freie Zeit in Anspruch nahm. Er hatte das Schreiben völlig aufgegeben, erstens, weil die Schreibmaschine verpfändet war, und zweitens, weil er keine Minute mehr für sich hatte. Colette, das arme Ding, wußte absolut nichts mit sich anzufangen. Sie konnte den ganzen Nachmittag im Bett liegen, sich in Gedanken um den Verstand ficken und war zu weiterem bereit, wenn Carl von der Arbeit kam. Er kam gewöhnlich gegen drei Uhr morgens nach Hause. Häufig stand er erst um sieben Uhr abends auf, gerade rechtzeitig, um zu essen und zur Arbeit zu eilen. Nachdem sie ihn wieder einmal völlig fertiggemacht hatte, bat er mich, ihr einen zu verpassen. «Ich bin ausgefickt», sagte er. «Der kleine Schwachkopf – ihr ganzer Verstand sitzt in der Möse.»

Aber Colette hatte nichts Anziehendes für mich. Ich war in Nys verliebt, die sich noch immer im Café Wepler herumtrieb. Wir waren gute Freunde geworden. Geld spielte keine Rolle mehr. Wohl brachte ich ihr kleine Geschenke, aber das stand irgendwie auf einem anderen Blatt. Hin und wieder überredete ich sie, sich den Nach-

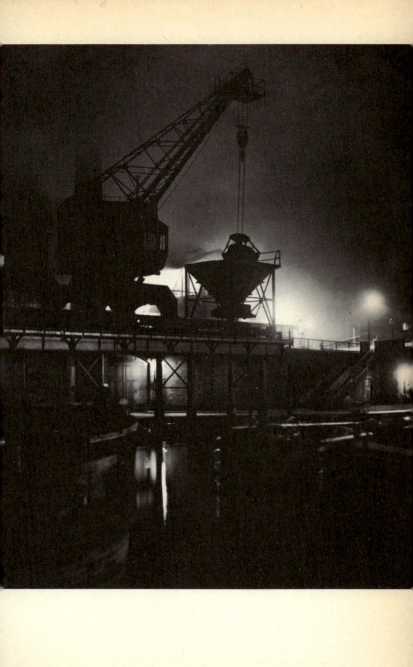

mittag freizumachen. Dann setzten wir uns irgendwo an die Seine oder fuhren mit dem Zug hinaus in irgendeinen Wald, wo wir uns ins Gras legten und nach Herzenslust fickten. Ich fragte sie nie nach ihrer Vergangenheit. Wir sprachen immer nur über die Zukunft. Sie jedenfalls. Wie so viele Französinnen träumte sie von einem Häuschen auf dem Lande, womöglich irgendwo im Midi. Für Paris hatte sie nicht viel übrig. Es sei ungesund, pflegte sie zu sagen.

«Und womit würdest du dir die Zeit vertreiben?» fragte ich einmal.

«Womit?» wiederholte sie erstaunt. «Ich würde gar nichts tun, einfach nur leben.»

Was für ein Gedanke! Was für ein vernünftiger Gedanke! Ich beneidete sie um ihr Phlegma, ihre Indolenz, ihre Sorglosigkeit. Ich drängte sie, ausführlich darüber – über das Nichtstun, meine ich – zu reden. Es war eine Lebensform, mit der ich nie geliebäugelt hatte. Dazu mußte man entweder völlig geistlos oder aber bemerkenswert geistvoll sein. Geistlos wäre wohl vorzuziehen, dachte ich mir.

Allein Nys beim Essen zuzuschauen war ein Vergnügen. Sie genoß jeden Bissen ihrer Mahlzeit, die sie sehr überlegt zusammenstellte. Dabei spreche ich nicht von Kalorien und Vitaminen. Nein, sie suchte sich mit Bedacht die Dinge aus, die sie mochte und die ihr gut bekamen, einfach weil sie sie genoß. Sie konnte eine Mahlzeit endlos hinziehen, ihre Laune wurde immer besser, ihre Indolenz immer verführerischer und ihr Geist immer kühner, lebhafter und wacher. Ein gutes Essen, ein gutes Gespräch, ein guter Fick – wie konnte man denn einen Tag besser verbringen? Sie kannte keine Gewissensbisse, es gab keine Sorgen, die sie nicht leicht abwarf. Sie ließ sich einfach von der Strömung treiben. Sie brachte keine Kinder zur Welt, trug nichts zum Wohlergehen der Allge-

58

meinheit bei, ließ in der Welt keine Spur hinter sich zurück. Aber wohin sie auch kam, wurde das Leben leichter, reizvoller, beschwingter. Und das ist nichts Geringes. Jedesmal, wenn ich mich von ihr trennte, hatte ich das Gefühl, einen schönen Tag verbracht zu haben. Ich wünschte mir, auch ich könnte das Dasein auf die gleiche leichte, natürliche Weise hinnehmen. Manchmal wünschte ich mir, ich wäre eine Frau wie sie und besäße weiter nichts als eine anziehende Möse. Wie wundervoll, seine Möse zur Arbeit und seinen Verstand zum Vergnügen zu verwenden! Sich ins Glück zu verlieben! So unnütz wie möglich zu werden! Ein Gewissen, so robust wie eine Krokodilshaut zu entwickeln! Und wenn man alt und nicht mehr anziehend war, notfalls für einen Fick zu bezahlen. Oder einen Hund zu kaufen und ihn darauf abzurichten. Nackt und allein zu sterben, wenn die Zeit kam – ohne Schuld, ohne Klage, ohne Reue . . .

Davon träumte ich, wenn ich einen Tag mit Nys im Freien verbracht hatte.

Was für ein Vergnügen wäre es doch, einen fetten Batzen zu stehlen und ihn ihr beim Abschied zu überreichen. Oder sie ein Stück zu begleiten, sagen wir bis nach Orange oder Avignon. Einen oder zwei Monate wie ein Vagabund zu verpissen, sich in ihrer Indolenz zu sonnen. Ihr mit Händen und Füßen zu dienen, nur um sich an ihrer Freude zu freuen.

An Abenden, an denen ich sie nicht sehen konnte – weil sie besetzt war –, wanderte ich allein umher, hielt mich in den kleinen Bars der Seitenstraßen auf oder in Kellerspelunken, wo andere Mädchen in törichter, sinnloser Weise ihrem Gewerbe nachgingen. Manchmal nahm ich aus purer Langeweile eine von ihnen mit, obwohl das einen faden Geschmack zurückließ.

Häufig, wenn ich heimkam, war Colette noch wach und

strich in dem lächerlichen japanischen Hänger herum, den Carl für sie in einem Basar aufgegabelt hatte. Irgendwie schienen wir nie das Geld aufbringen zu können, um ihr einen Pyjama zu kaufen. Gewöhnlich war sie gerade dabei, eine Kleinigkeit zu essen, wenn ich nach Hause kam. Das arme Ding versuchte sich damit wachzuhalten, um Carl zu begrüßen, wenn er von der Arbeit kam. Ich setzte mich zu ihr und aß auch einen Bissen. Unsere Unterhaltung war ziellos. Nie hatte sie etwas zu sagen, was des Zuhörens wert gewesen wäre. Sie hatte keine Sehnsüchte, keine Träume, keine Wünsche. Sie war so gutmütig wie eine Kuh, fügsam wie eine Sklavin, reizvoll wie eine Puppe. Sie war nicht dumm, sie war blöde. Blöde wie ein Tier. Nys dagegen war keineswegs unintelligent. Träge, ja. Träge wie die Sünde. Alles, worüber Nys sprach, war interessant, selbst wenn sie über nichts sprach. Eine Gabe, die ich weit höher schätze als die Fähigkeit, gescheit daherzureden. Im Grunde gebe ich einem solchen Gespräch entschieden den Vorzug. Es ist ein Beitrag zum Leben, während die andere Art, das intellektuelle Geschwätz, einem die Kraft abzapft, alles steril, nichtig und sinnlos macht. Aber Colette hatte, wie gesagt, nur den dumpfen Verstand eines Kälbchens. Faßte man sie an, war ihr Fleisch so kühl, so leblos wie Pudding. Man konnte ihr das Hinterteil tätscheln, während sie einem Kaffee einschenkte, aber es war, als liebkose man eine Türklinke. Ihre Bescheidenheit war die eines Tiers, nicht die eines Menschen. Sie hielt die Hand über ihre Möse, wie um etwas Häßliches, nicht etwas Gefährliches zu verbergen. Sie verbarg sie und ließ ihre Brüste unverhüllt. Wenn sie mich im Bad beim Wasserlassen überraschte, blieb sie in der Tür stehen und unterhielt sich sachlich mit mir. Es erregte sie nicht, einen Mann urinieren zu sehen; sie wurde nur aufgeregt, wenn man sie bestieg und in sie hineinpißte.

Eines Abends, als ich ziemlich spät heimkam, entdeckte ich, daß ich meinen Hausschlüssel vergessen hatte. Ich klopfte laut, aber es kam keine Antwort. Ich dachte, sie habe sich vielleicht wieder einmal auf eine ihrer unschuldigen Wanderungen begeben. Es blieb mir nichts anderes übrig, als langsam nach Montmartre zu gehen und Carl auf dem Heimweg von der Arbeit abzufangen. Ungefähr auf halbem Weg zur place Clichy lief ich ihm in die Arme. Ich erzählte ihm, daß Colette wieder einmal ausgeflogen war. Als wir in die Wohnung kamen, war alles hell erleuchtet. Aber Colette war nicht da und hatte auch nichts von ihren Sachen mitgenommen. Es sah so aus, als sei sie eben einmal weggegangen. An diesem Morgen hatte Carl gesagt, er werde sie heiraten, sobald sie mündig sei. Ich hatte herzlich über ihre Possen gelacht, als er ihr, während sie sich aus dem Schlafzimmerfenster lehnte, vom Küchenfenster aus laut zuschrie, so daß alle Nachbarn es hören konnten: «*Bonjour, Madame Oursel, comment ça va ce matin?*»

Jetzt war er deprimiert. Bestimmt war die Polizei dagewesen und hatte sie mitgenommen. «Bald werden sie mich abholen», sagte er. «Das ist das Ende.»

Wir beschlossen auszugehen und uns die Nacht um die Ohren zu schlagen. Es war kurz nach drei Uhr morgens. Die place Clichy war wie ausgestorben, einige *bistros* ausgenommen, die die ganze Nacht über geöffnet hatten. Die Hure mit dem Holzbein war noch auf ihrem Posten gegenüber dem Gaumont-Palace. Sie hatte ihren eigenen, treuen, kleinen Kundenkreis, der ihr zu tun gab. Wir nahmen in der Nähe der place Pigalle einen Bissen zu uns, umgeben von allerlei Nachtschwärmern. Wir warfen einen Blick in die kleine Bar, in der unsere Freundin, die Garderobiere, beschäftigt war, aber die Bude wurde gerade geschlossen. Im Zickzack stiegen wir den Hügel zum Sacré-Cœur hinauf. Am Fuß der Kathedrale verschnauften wir ein wenig und blickten hinunter auf das flammende Lichtermeer. Bei Nacht hat Paris etwas Majestätisches. Von oben betrachtet wirkt die Beleuchtung gedämpfter und nimmt den Straßen etwas von ihrer Grausamkeit und ihrem Schmutz. Bei Nacht, von Montmartre aus betrachtet, ist Paris wirklich zauberhaft – wie die Splitter eines riesigen Diamanten liegt es in der Tiefe einer Schale.

In der Morgendämmerung ist Montmartre von unbeschreiblichem Reiz. Ein rosa Hauch liegt über den mattweißen Mauern. Die riesigen, in leuchtendem Rot und Blau an die fahlen Mauern gemalten Reklamen heben sich mit geradezu wollüstiger Frische davon ab. Als wir auf die andere Seite des Hügels kamen, begegneten wir einer Gruppe junger Nonnen, die so rein und keusch, so völlig ausgeruht, so ruhig und würdevoll aussahen, daß wir uns beschämt fühlten. Ein Stück weiter stolperten wir in eine Ziegenherde, die sich in wildem Durcheinander ihren Weg den steilen Hang hinunter suchte. Gemächlich folgte ihnen ein ausgesprochener Kretin, der ab und zu ein paar seltsame Töne blies. Die Atmosphäre strömte vollkommene Ruhe aus, vollkommenen Frieden. Es hätte ein Morgen im 14. Jahrhundert sein können.

Wir schliefen an diesem Tag fast bis zum Abend. Noch immer kein Zeichen von Colette, noch kein Besuch von der Polizei. Am nächsten Tag jedoch klopfte es gegen Mittag unheilverkündend an der Tür. Ich tippte in meinem Zimmer. Carl öffnete die Tür. Ich hörte Colettes Stimme – und dann die Stimme eines Mannes. Dann hörte ich auch eine Frauenstimme. Ich tippte weiter. Ich schrieb einfach, was mir in den Kopf kam, nur um den Eindruck zu erwekken, ich sei beschäftigt.

Plötzlich erschien Carl, er sah verstört und bestürzt aus. «Hat sie ihre Uhr hiergelassen?» fragte er. «Sie suchen die Uhr.»

«Wer *sie*?» wollte ich wissen.

«Ihre Mutter ist da ... Wer der Mann ist, weiß ich nicht. Vielleicht ein Detektiv. Komm einen Augenblick herüber. Ich werde dich vorstellen.»

Die Mutter war eine blendend aussehende Person in mittleren Jahren, sehr gepflegt, fast distinguiert. Der Mann, der schlicht und adrett gekleidet war, sah aus wie ein Rechtsanwalt. Alle sprachen leise – als sei soeben jemand gestorben.

Ich spürte sofort, daß meine Gegenwart Eindruck machte.

«Sind Sie auch Schriftsteller?» Es war der Mann, der sprach.

Ich bejahte es höflich.

«Schreiben Sie Französisch?» fragte er.

Darauf gab ich eine sehr taktvolle, schmeichelhafte Antwort, indem ich beklagte, daß meine beschränkten Fähigkeiten, obwohl ich bereits seit fünf oder sechs Jahren in Frankreich lebte und mit der französischen Literatur vertraut sei, ja, sogar hin und wieder aus ihr übersetzte, nicht ausreichten, seine schöne Sprache wirklich zu beherrschen und mich so auszudrücken, wie ich wollte.

Ich hatte mir alle Mühe gegeben, diese Lobhudelei beredt und überzeugend vorzutragen. Mir schien, daß es seine Wirkung nicht verfehlte.

Die Mutter studierte inzwischen die Titel der Bücher, die sich auf Carls Schreibtisch stapelten. Impulsiv zog sie eines heraus und reichte es dem Mann. Es war der letzte Band von Prousts berühmtem Werk. Der Mann hob seinen Blick von dem Buch zu Carl auf, den er jetzt mit neuen Augen zu sehen schien. So etwas wie ein Ausdruck widerstrebenden Respekts erschien auf seinem Gesicht. Carl erklärte etwas verlegen, daß er zur Zeit an einem Essay arbeite, in dem er versuche, die Beziehungen zwischen

Prousts Metaphysik und der okkulten Überlieferung, insbesondere der Doktrin von Hermes Trismegistos, von dem er fasziniert sei, aufzuzeigen.

«*Tiens, tiens*», sagte der Mann, zog vielsagend eine Augenbraue hoch und fixierte uns beide mit einem strengen, aber nicht völlig verdammenden Blick. «Würden Sie uns bitte einen Augenblick mit Ihrem Freund allein lassen?» sagte er, sich an mich wendend.

«Aber gewiß doch», sagte ich und ging in mein Zimmer hinüber, wo ich wieder wie verrückt drauflos tippte.

Sie blieben, wie mir schien, eine gute halbe Stunde in Carls Zimmer. Ich hatte, bis sie in mein Zimmer kamen, um sich zu verabschieden, an die acht oder zehn Seiten reinen Unsinn geschrieben, aus dem nicht einmal der wildeste Surrealist hätte klug werden können. Ich sagte Colette Lebewohl, als wäre sie eine kleine Waise, die wir gerettet hatten und die wir nun unversehrt ihren lange verloren geglaubten Eltern zurückgaben. Ich erkundigte mich, ob sie die Uhr gefunden hatten. Sie hätten es nicht, hofften aber, daß *wir* sie noch finden würden. Sie sei ein kleines Andenken, erklärten sie.

Sobald sich die Tür hinter ihnen geschlossen hatte, kam Carl ins Zimmer gestürzt und umarmte mich. «Joey, ich glaube, du hast mir das Leben gerettet! Oder vielleicht war es Proust. Dieser Sauertopf war wahrhaftig beeindruckt. *Littérature!* So französisch, das Ganze. Sogar die Polizei hier hat was für Literatur übrig. Und daß du Amerikaner bist – ein berühmter Schriftsteller, wie ich behauptete –, hat unseren Kredit gewaltig gehoben. Weißt du, was er gesagt hat, als du hinausgegangen warst? Er sei Colettes gesetzlicher Vormund. Sie ist übrigens fünfzehn, aber sie ist schon früher einmal von zu Hause weggelaufen. Trotzdem, wenn er mich vor Gericht brächte, meinte er, würde ich zehn Jahre kriegen. Er fragte mich, ob mir das klar sei.

Ich sagte ja. Vermutlich war er überrascht, daß ich keinen Versuch machte, mich zu verteidigen. Aber was ihn noch mehr überraschte, war die Tatsache, daß wir Schriftsteller sind. Die Franzosen haben große Achtung vor Schriftstellern, weißt du. Ein Schriftsteller ist nie ein gewöhnlicher Verbrecher. Er hatte erwartet, ein Paar Apachen vorzufinden, nehme ich an. Oder Erpresser. Als er dich sah, gab er klein bei. Er fragte mich nachher, was für Bücher du denn geschrieben hast und ob schon welche übersetzt seien. Ich erklärte ihm, du seist ein Philosoph und ziemlich schwierig zu übersetzen ...»

«Das war ein phantastischer Dreh, wie du ihn mit Hermes Trismegistos verblüfft hast», sagte ich. «Wie bist du nur darauf gekommen?»

Carl antwortete: «Ich war so verängstigt, daß ich einfach drauflos geredet habe ... Übrigens hat ihn noch etwas beeindruckt, und zwar der *Faust* – weil er in Deutsch war. Und sicherlich auch einige der englischen Bücher – Lawrence, Blake, Shakespeare. Ich hörte direkt, wie er sich sagte: ‹Diese Burschen können nicht ganz so übel sein. Das Kind hätte in schlimmere Hände fallen können.›»

«Aber was hat denn bloß die Mutter gesagt?»

«Die *Mutter*! Hast du sie dir genau angesehen? Sie war nicht nur schön, sie war einfach göttlich! Joey, im Augenblick, als ich sie sah, verliebte ich mich in sie. Sie sprach die ganze Zeit kaum ein Wort. Am Schluß sagte sie zu mir: ‹Monsieur, wir wollen nicht gegen Sie vorgehen, allerdings nur unter der Bedingung, daß Sie uns versprechen, keinen Versuch zu machen, Colette wiederzusehen. Haben wir uns verstanden?› Ich hörte kaum, was sie sagte, ich war so verwirrt. Ich errötete und stammelte wie ein Schuljunge. Wenn sie gesagt hätte: ‹Monsieur, kommen Sie bitte mit zur Polizei›, hätte ich gesagt: ‹*Oui, madame, à vos ordres*›. Ich war drauf und dran, ihr die Hand zu küssen, aber

66

dann dachte ich, das ginge vielleicht zu weit. Hast du ihr Parfum bemerkt? Das war ...» Er ratterte einen Markennamen mit Nummer herunter, als müsse mich das beeindrucken. «Ach so, du verstehst ja nichts von Parfums. Weißt du, nur Frauen aus den besten Kreisen benutzen solche Parfums. Sie hätte eine Herzogin oder eine Marquise sein können. Zu schade, daß es nicht die Mutter war, die ich aufgelesen habe. Übrigens, das gibt einen guten Schluß für mein Buch, was meinst du?»

Einen hervorragenden Schluß, dachte ich bei mir. Tatsächlich schrieb er die Geschichte einige Monate später, und es war eine seiner besten Arbeiten, besonders die Stelle über Proust und den *Faust*. Die ganze Zeit, während er daran schrieb, schwärmte er von der Mutter. Colette schien er völlig vergessen zu haben.

Kaum war diese Episode vorüber, da kreuzten die englischen Girls auf, und dann kam das Mädchen aus der *épicerie*, die ganz verrückt darauf war, Englisch zu lernen, und danach Jeanne, und zwischendurch die Garderobiere, und hin und wieder eine Hure aus der Sackgasse hinter dem Café Wepler – aus der Falle, wie wir sie nannten, denn nachts auf dem Heimweg an diesem Gäßchen vorbeizugehen, war das reinste Spießrutenlaufen.

Und dann kam die Somnambule mit dem Revolver, die uns einige Tage lang in Atem hielt.

Eines Morgens in aller Frühe, nachdem wir die ganze Nacht algerischen Wein weggeputzt hatten, hatte Carl die Idee, daß wir ein paar Tage Ferien machen sollten. An meiner Wand hing eine große Landkarte von Europa, die wir fieberhaft studierten, um zu sehen, wie weit wir mit den bescheidenen Mitteln, die uns zur Verfügung standen, kommen konnten. Zuerst dachten wir an Brüssel, gaben den Gedanken daran aber wieder auf. Die Belgier waren uninteressant, darin waren wir uns einig. Für das gleiche

Fahrgeld konnten wir auch nach Luxemburg fahren. Wir waren schon ziemlich angeheitert, und Luxemburg schien uns genau der richtige Ort, wohin man um sechs Uhr morgens fahren mußte. Wir packten gar nicht erst die Koffer. Wir brauchten nur unsere Zahnbürsten, und selbst die vergaßen wir in der Hetze des Aufbruchs, um den Zug nicht zu verpassen.

Ein paar Stunden später hatten wir die Grenze überschritten und stiegen in den glänzenden, polstergeschwellten Zug, der uns in das Operettenland bringen sollte, auf das ich so neugierig war. Wir kamen gegen Mittag verschlafen und benommen an, verzehrten ein üppiges Mahl, das wir mit einheimischem Wein hinunterspülten, und sanken dann ins Bett. Gegen sechs Uhr rafften wir uns auf und schlenderten hinaus. Es war ein friedliches, sattes, beschauliches Land, wo man überall deutsche Musik hörte. Die Einheimischen strahlten vor Zufriedenheit, ganz wie glückliche Kühe.

Im Nu hatten wir uns mit Schneewittchen angefreundet, der Hauptattraktion eines Cabarets in der Nähe des Bahnhofs. Schneewittchen war etwa fünfunddreißig, sie hatte flachsblonde Haare und seelenvolle blaue Augen. Sie war erst seit einer Woche da und langweilte sich bereits. Wir tranken zwei Whisky-Soda mit ihr, walzten sie ein paarmal herum, spendierten der Kapelle Getränke, was alles lächerlich wenig kostete, und dann luden wir sie zum Abendessen ein. Ein gutes Essen in einem guten Hotel kostete nicht mehr als sieben oder acht Francs pro Nase. Schneewittchen, als typische Schweizerin, war zu blöde oder zu gutmütig, um auf Geld aus zu sein. Sie hatte nur einen Gedanken im Kopf – rechtzeitig zur Arbeit zurückzukommen. Es war bereits dunkel, als wir das Restaurant verließen. Wir gingen unwillkürlich dem Stadtrand zu und fanden bald eine Böschung, wo wir sie umlegten und es ihr besorgten. Sie nahm es hin wie einen Cocktail und bat uns, sie nach der Vorstellung abzuholen. Sie wollte eine Freundin auftreiben, die wir, wie sie glaubte, attraktiv finden würden. Wir begleiteten sie zu dem Cabaret zurück und machten uns dann daran, die Stadt eingehend zu erforschen.

In einem kleinen Café, in dem eine alte Frau Zither spielte, bestellten wir Wein. Es war ein reichlich melancholischer Laden, und bald langweilten wir uns zu Tode. Als wir gerade gehen wollten, kam der Besitzer zu uns, überreichte uns seine Karte und sagte, er hoffe, wir kämen wieder. Während er sprach, gab Carl mir die Karte und stieß mich leise an. Ich las. Und da stand auf deutsch: «Judenfreies Café». Hätte da gestanden «Limburgerfreies Café», so hätte das für mich nicht absurder klingen können. Wir lachten dem Mann ins Gesicht. Dann fragte ich ihn auf französisch, ob er Englisch verstehe. Er bejahte es. Darauf sagte ich: «Lassen Sie sich eines gesagt sein – ich bin zwar kein Jude, aber für mich sind Sie ein Idiot! Haben Sie keine anderen Sorgen? Schlafen Sie denn . . .? Sie erstikken ja in Ihrer eigenen Scheiße. *Haben Sie mich verstanden?*» Er sah uns entgeistert an. Dann legte Carl in einem Französisch los, das jedem Apachen zur Ehre gereicht hätte: «Hören Sie, Sie ausgefickter Rundkäse», fing er an. Der Mann wollte pampig werden. «Halt die Schnauze», sagte Carl drohend und machte eine Bewegung, als wolle er den alten Narren erdrosseln. «Ich sage Ihnen nur eins: *Sie sind eine alte Votze. Sie stinken!*» Dann überfiel ihn einer seiner apoplektischen Lachanfälle. Der Mann muß gedacht haben, wir seien übergeschnappt. Wir zogen uns langsam zurück, lachten hysterisch und schnitten ihm Grimassen. Der Idiot war so schwer von Begriff, so verdutzt, daß er nur noch auf einen Stuhl sinken und sich die Stirn wischen konnte.

Ein Stück die Straße hinunter stießen wir auf einen verschlafen aussehenden Polizisten. Carl ging respektvoll zu ihm hin, lüftete den Hut und sagte ihm in tadellosem Deutsch, wir kämen gerade aus dem ‹judenfreien› Café, dort sei eine Schlägerei ausgebrochen. Er riet ihm, rasch hinzugehen, denn – jetzt flüsterte er nur noch – der Besitzer habe einen Anfall und bringe womöglich noch jemanden um. Der Polizist dankte ihm in dienstlich lässiger Art und trollte sich zu dem Café. An der Ecke fanden wir ein Taxi. Wir ließen uns zu dem großen Hotel fahren, das wir am frühen Abend entdeckt hatten.

Wir blieben drei Tage in Luxemburg, aßen, tranken nach Herzenslust, hörten den ausgezeichneten Kapellen aus Deutschland zu, beobachteten das geruhsame, langweilige Leben eines Volkes, das keinen Grund hat, zu existieren, und das nur insoweit existiert, wie das Kühe und Schafe tun. Schneewittchen hatte uns ihrer Freundin vorgestellt, die Luxemburgerin und ein Schwachkopf erster Klasse war. Wir sprachen über Käse, Stickereien, Volkstanz, Kohlenbergbau, Export–Import, über die großherzogliche Familie und die kleinen Unpäßlichkeiten, die sie hin und wieder heimsuchten, und so fort. Einen ganzen Tag verbrachten wir in Pfaffenthal, dem ‹Tal der Mönche›. Ein tausendjähriger Friede schien über diesem verschlafenen Tal zu herrschen. Es war wie ein Korridor, den Gott mit seinem kleinen Finger eingezeichnet hatte – eine Mahnung für die Menschen, daß sie, wenn ihr unersättlicher Blutdurst befriedigt und sie des Haders müde geworden seien, hier Frieden und Ruhe finden würden.

Um die Wahrheit zu sagen, es war eine schöne, geordnete, wohlhabende, beschauliche Welt, jedermann war guter Laune, nachsichtig, gütig, duldsam. Dennoch lag über dem Ganzen ein Geruch von Fäulnis. Der Geruch

der Stagnation. Durch ihre heuchlerische Freundlichkeit hatten sich die Einwohner selbst das Rückgrat gebrochen.

Sie interessierten sich nur dafür, auf welcher Seite ihr Brot mit Butter bestrichen war. Selber konnten sie kein Brot backen, sie konnten nur die Butter draufstreichen.

Es ekelte mich an. Lieber in Paris wie eine Laus sterben, als in diesem fetten Land leben, dachte ich bei mir.

«Laß uns nach Hause fahren und uns einen ordentlichen Tripper holen!» sagte ich und weckte Carl damit aus seiner Lethargie.

«*Was?* Was redest du da?» stammelte er.

«Ja», sagte ich, «laß uns hier abhauen, mir stinkt's. Luxemburg ist wie Brooklyn, nur verführerischer und vergiftender. Gehen wir zurück nach Clichy und hauen wir auf die Pauke. Ich muß diesen faulen Geschmack aus dem Mund kriegen.»

Es war um Mitternacht, als wir in Paris ankamen. Wir eilten in die Zeitungsredaktion, wo unser guter Freund King die Rennberichte redigierte. Wir pumpten uns ein paar Francs von ihm und sausten los.

Ich war in der Stimmung, die nächstbeste Hure zu nehmen. Ich nehme sie mit Tripper und allem, dachte ich. Scheiße, eine Dosis Tripper ist doch wenigstens etwas. Diese Luxemburg-Mösen sind voller Buttermilch.

Carl war nicht so scharf darauf, noch einen Tripper zu beziehen. Sein Schwanz jucke schon, verriet er mir. Er versuchte verzweifelt, sich zu erinnern, wer ihm den angehängt haben könnte, wenn es wirklich ein Tripper war, wie er befürchtete.

«Wenn du schon einen hast, ist es ja nicht schlimm, wenn du noch einen kriegst», meinte ich vergnügt. «Schaff dir eine doppelte Dosis an und verbreite ihn im Ausland! Steck den ganzen Kontinent an! Lieber eine ordentliche Geschlechtskrankheit als so ein moribunder Friede und diese tödliche Stille. Jetzt weiß ich, was die Welt zivilisiert macht: Laster, Krankheit, Betrug, Verlogenheit und Wollust. Scheiße, die Franzosen sind ein großes Volk, auch wenn sie syphilitisch sind. Verlange nie wieder von mir, daß ich in ein neutrales Land fahre. Ich kann keine Kühe mehr sehen, weder menschliche noch richtige!»

Ich war so scharf, daß ich eine Nonne hätte vergewaltigen können.

In dieser Stimmung gingen wir in das kleine Tanzlokal, wo unsere Freundin, die Garderobiere, beschäftigt war. Es war erst kurz nach Mitternacht, und wir hatten genügend Moneten, um etwas aufzustellen. An der Bar saßen drei oder vier Huren und ein paar Betrunkene, natürlich Engländer. Homos höchstwahrscheinlich. Wir tanzten ein bißchen, und dann fielen die Huren über uns her.

Es ist erstaunlich, was man in aller Öffentlichkeit in einer französischen Bar treiben kann. Für eine *putain* ist jeder, der Englisch spricht – ob männlich oder weiblich –, pervers. Ein französisches Mädchen verliert keineswegs ihre Würde, wenn sie für einen Ausländer eine Schau abzieht – ebensowenig wie ein Seehund kultiviert wird, wenn man ihm ein paar Kunststücke beibringt.

Adrienne, die Garderobiere, war auf einen Drink an die Bar gekommen. Sie saß mit gespreizten Beinen auf einem Hocker. Ich stand neben ihr, den Arm um eine ihrer kleinen Freundinnen gelegt. Plötzlich hatte ich meine Hand unter ihr Kleid geschoben. Ich spielte ein Weilchen mit ihr, dann rutschte sie von ihrem Hochsitz herunter, legte beide Arme um meinen Hals, öffnete verstohlen meinen Hosenlatz und griff mit der Hand nach meinem Kugellager. Die Kapelle spielte einen langsamen Walzer, die Beleuchtung wurde schummeriger. Adrienne zog mich aufs Parkett, mein Latz stand weit offen. Eng an mich gedrückt, schob sie mich in die Mitte der Tanzfläche, wo wir wie die Sardinen zusammengepreßt wurden. Wir konnten uns kaum von der Stelle bewegen, so dicht war das Gedränge. Wieder langte sie in meinen Hosenschlitz, zog meinen Piephahn heraus und placierte ihn an ihrer Möse. Es war kaum auszuhalten. Um die Qual voll zu machen, griff jetzt eine ihrer kleinen Freundinnen, die neben uns eingekeilt war, frech nach meinem Pint. In diesem Augenblick konnte ich nicht mehr an mich halten – ich ergoß mich in ihre Hand.

Als wir uns den Weg zur Bar zurückbahnten, stand Carl in einer Ecke über ein Mädchen gebeugt, das zu Boden zu sacken schien. Der Barkeeper war sichtlich verärgert. «Sie sind hier in einem Lokal, nicht in einem Boudoir», sagte er. Carl blickte benommen hoch, das Gesicht mit Lippenstift verschmiert, die Krawatte schief, die Weste aufgeknöpft, seine Haare hingen ihm über die Augen. «Das sind keine Huren mehr», murmelte er, «das sind schon Nymphomaninnen.»

Er setzte sich auf den Hocker, der Hemdzipfel hing ihm noch aus dem Hosenlatz. Das Mädchen knöpfte ihm den Hosenlatz zu. Plötzlich besann sie sich anders, riß ihn wieder auf, holte seinen Specht heraus, beugte sich herunter und küßte ihn. Das ging offenbar ein bißchen zu weit. Jetzt kam der Geschäftsführer angesegelt und erklärte, so könnten wir uns hier nicht benehmen, sonst müßten wir verschwinden. Über die Mädchen schien er sich nicht weiter zu ärgern, er schimpfte bloß mit ihnen wie mit unartigen Kindern.

Wir wollten auf der Stelle gehen, aber Adrienne bestand darauf, daß wir bis Lokalschluß blieben. Sie sagte, sie wolle mit uns nach Hause kommen.

Als wir schließlich ein Taxi anhielten und uns hineinzwängten, entdeckten wir, daß wir zu fünft waren. Carl war dafür, eines der Mädchen hinauszubefördern, konnte sich aber nicht schlüssig werden, welches. Unterwegs ließen wir anhalten, um ein paar belegte Brote, etwas Käse und Oliven sowie ein paar Flaschen Wein zu kaufen.

«Sie werden enttäuscht sein, wenn sie sehen, wie wenig Geld wir noch haben», meinte Carl.

«Um so besser», sagte ich, «vielleicht hauen sie dann alle ab. Ich bin müde. Ich würde jetzt gern baden und mich in die Klappe hauen.»

Zu Hause zog ich mich sofort aus und ließ das Badewasser einlaufen. Die Mädchen waren in der Küche und deckten den Tisch. Ich war gerade in die Wanne gestiegen und seifte mich ab, als Adrienne und eines der anderen Mädchen ins Badezimmer kamen. Sie wollten auch baden. Adrienne schlüpfte schnell aus ihren Sachen und zu mir in die Wanne. Die andere zog sich aus und stellte sich neben die Wanne. Adrienne und ich saßen einander mit verschlungenen Beinen gegenüber. Die andere beugte sich über die Wanne und spielte an mir herum. Ich legte mich in das köstlich heiße Wasser zurück und ließ sie mit ihren seifigen Fingern meinen Piephahn zwirbeln. Adrienne spielte mit ihrer Möse, als wollte sie sagen: Na schön, spiel du nur ein Weilchen mit dem Ding, wenn die Zeit gekommen ist, werde ich es mir schon schnappen.

Plötzlich waren wir zu dritt in der Wanne, ein belegtes Brot in der einen und ein Glas Wein in der anderen Hand. Carl hatte beschlossen, sich zu rasieren. Sein Mädchen saß auf dem Rand des Bidets, plauderte und kaute ihr belegtes Brot. Sie verschwand einen Augenblick und kam mit einer vollen Flasche Rotwein zurück, den sie uns über den Nakken goß. Das seifige Wasser nahm rasch die Färbung von Permanganat an.

Inzwischen war ich zu allem aufgelegt. Da ich das Bedürfnis hatte, Wasser zu lassen, schiffte ich in aller Ruhe. Die Mädchen waren entsetzt. Anscheinend hatte ich etwas

77

Unsittliches getan. Plötzlich wurden sie mißtrauisch. Würden wir sie auch bezahlen? Wenn ja, wieviel? Als Carl ihnen vergnügt mitteilte, er habe noch neun Francs zu verteilen, gab es einen Aufruhr. Dann kamen sie zu dem Schluß, daß wir nur scherzten – es war nur wieder so ein schlechter Scherz, wie in die Badewanne zu pinkeln. Aber nein, wir blieben dabei, daß wir es ernst meinten. Sie schimpften los, so etwas wäre ihnen noch nie vorgekommen. Das wäre einfach unglaublich, ungeheuerlich.

«Sie sind zwei dreckige Hunnen», sagte eines der Mädchen. «Nein, *Engländer*. Perverse Engländer», meinte eine andere.

Adrienne versuchte sie zu beschwichtigen. Sie sagte, sie kenne uns seit langem, und wir hätten uns ihr gegenüber immer wie Gentlemen benommen – eine Feststellung, die recht befremdlich für meine Ohren klang, wenn ich an die Art unserer Beziehungen dachte. Das Wort ‹Gentlemen› bedeutete jedoch nicht mehr, als daß wir immer in bar für ihre kleinen Dienstleistungen gezahlt hatten.

Verzweifelt versuchte sie die Situation zu retten. Ich konnte fast hören, wie sie nachdachte.

«Könnt ihr ihnen denn nicht wenigstens einen Scheck geben?» bettelte sie.

Carl brach in Lachen aus. Er wollte gerade sagen, daß wir kein Scheckbuch hätten, als ich ihm ins Wort fiel: «Klar, das ist eine gute Idee ... wir werden jeder von euch einen Scheck geben, wie wäre das?» Ich ging ohne ein weiteres Wort in Carls Zimmer und kramte ein altes Scheckbuch von ihm heraus. Ich brachte ihm seinen schönen Parker und reichte ihn ihm.

In diesem Augenblick entfaltete Carl seine ganze Gerissenheit. Indem er so tat, als sei er ärgerlich auf mich, daß ich sein Scheckbuch hervorgeholt und mich in seine Angelegenheit gemischt hatte, sagte er: «So machst du es im-

mer.» (Auf französisch natürlich, ihretwegen.) «Immer bin ich derjenige, der für diesen Quatsch bezahlen muß. Warum schreibst du keine Schecks aus?»

Ich antwortete so verschämt wie möglich, daß mein Konto überzogen sei. Trotzdem zögerte er – oder tat wenigstens so. «Warum können die denn nicht bis morgen warten?» fragte er, an Adrienne gewandt. «Trauen sie uns etwa nicht?»

«Warum sollten wir euch trauen», meinte eines der Mädchen. «Eben noch habt ihr behauptet, daß ihr nichts habt. Jetzt sollen wir bis morgen warten. Ah, nein, das kann man mit uns nicht machen.»

«Na schön, dann könnt ihr euch alle rausscheren», sagte Carl und warf das Scheckbuch auf den Boden.

«Sei nicht so gemein», schrie Adrienne. «Gib jeder von uns hundert Francs, und wir werden nicht mehr davon sprechen. *Bitte!*»

«*Jeder* hundert Francs?»

«Freilich», sagte sie. «Soviel ist das ja nicht.»

«Komm, mach schon», warf ich ein, «sei nicht so knauserig. Außerdem werde ich dir meinen Anteil in ein oder zwei Tagen zurückzahlen.»

«Das sagst du immer», erwiderte Carl.

«Mach Schluß mit der Komödie», sagte ich auf englisch. «Schreib die Schecks aus, damit wir sie loswerden.»

«Sie loswerden? Was, erst soll ich ihnen Schecks geben, und dann soll ich sie rausschmeißen? Nein, mein Lieber, ich will den vollen Gegenwert für mein Geld, auch wenn die Schecks nicht gedeckt sind. *Sie* wissen das ja nicht. Wenn wir sie ganz ungeschoren davonkommen lassen, riechen sie den Braten. He, *du!*» rief er und wedelte mit einem Scheck einem der Mädchen zu. «Was kriege ich dafür? Ich will etwas Tolles, nicht nur eine Nummer schieben.»

Er machte sich daran, die Schecks zu verteilen. Es sah

komisch aus, wie er ohne weitere Umstände Schecks in der Runde verteilte. Sogar wenn es richtige gewesen wären – sie sahen gefälscht aus. Vielleicht weil wir alle nackt waren. Auch die Mädchen schienen das Gefühl zu haben, daß es eine fragwürdige Transaktion war. Außer Adrienne, die an uns glaubte.

Ich hoffte zu Gott, sie würden uns eine Szene machen, statt uns zu der üblichen Fickprozedur zu zwingen. Ich war einfach fertig. Hundemüde. Es würde eine harte Arbeit für sie werden, bei mir auch nur etwas, was einem Ständer ähnlich war, hervorzuzaubern. Carl dagegen benahm sich wie jemand, der wirklich dreihundert Francs hingeblättert hat. Er wollte etwas für sein Geld haben, und zwar etwas Ausgefallenes.

Während sie sich untereinander besprachen, kletterte ich ins Bett. Ich war in Gedanken so weit von der Situation entfernt, daß ich die Geschichte weiter ausspann, die ich vor ein paar Tagen angefangen hatte und am nächsten Morgen weiterschreiben wollte. Sie handelte von einem mit einem Beil begangenen Mord. Ich fragte mich, ob ich versuchen sollte, die Erzählung zu straffen und sie auf den betrunkenen Mörder zu konzentrieren, den ich verlassen hatte, wie er neben dem kopflosen Leichnam der Frau saß, die er nie geliebt hatte. Vielleicht würde ich den Zeitungsbericht von dem Verbrechen verwenden, ihn kürzen und meine eigene Darstellung des Mordes an dem Punkt oder in dem Augenblick beginnen lassen, wo der Kopf vom Tisch rollte. Das würde gut zu der Stelle von dem arm- und beinlosen Mann passen, dachte ich, der nachts auf einem kleinen, mit Rädern versehenen Brett durch die Straßen rollte, den Kopf in gleicher Höhe mit den Knien der Passanten. Ich wollte ein bißchen Grauen, denn ich hatte eine wundervolle Burleske in petto, die ich als Schluß zu verwenden gedachte.

In der kurzen Zeit, die mir zu träumen vergönnt war, hatte ich wieder zu der Stimmung zurückgefunden, die vor einigen Tagen durch das Auftauchen unserer somnambulen Pocahontas unterbrochen worden war.

Ein leichter Rippenstoß von Adrienne, die sich neben mir Platz gemacht hatte, weckte mich. Sie flüsterte mir etwas ins Ohr. Wieder etwas von Geld. Ich bat sie, es zu wiederholen, und um nicht den Gedanken, der mir gerade gekommen war, zu vergessen, sagte ich vor mich hin: «Kopf rollt vom Tisch ... Kopf rollt herunter ... kleiner Mann auf Rädern ... Räder ... Beine ... Millionen Beine ...»

«Sie möchten gern wissen, ob du nicht ein bißchen Kleingeld für ein Taxi hast. Sie wohnen weit weg.»

«Weit weg?» wiederholte ich und sah sie abwesend an. «Wie weit weg?» (*Vergiß nicht* – Räder, Beine, Kopf rollt herunter ... beginne mitten in einem Satz.)

«Ménilmontant», sagte Adrienne.

«Hol mir einen Bleistift und Papier – dort, auf dem Schreibtisch», bat ich.

«Ménilmontant ... Ménilmontant ...» wiederholte ich hypnotisiert, kritzelte einige Stichworte hin wie Gummiräder, Holzköpfe, Korkenzieherbeine und so weiter.

«Was tust du da?» zischte Adrienne und zerrte heftig an mir. «Was ist los mit dir? *Il est fou*», rief sie, stand auf und warf verzweifelt die Arme hoch. *«Où est l'autre?»* erkundigte sie sich und suchte Carl. *«Mon Dieu!»* hörte ich sie wie aus weiter Ferne sagen. *«Il dort!»* Dann, nach einer vielsagenden Pause: «Also, das übertrifft alles. Los, laßt uns hier verschwinden! Der eine ist betrunken und der andere inspiriert. Wir vertun unsere Zeit. Diese Ausländer haben immer andere Sachen im Kopf. Die wollen gar nicht ins Bett, die suchen nur den Kitzel ...»

*Kitzel!* Ich schrieb auch das auf. Ich erinnere mich nicht

mehr, was sie auf französisch sagte, aber was es auch war, es hatte einen vergessenen Freund wieder zum Leben erweckt. *Kitzel*. Das war ein Wort, das ich seit einer Ewigkeit nicht mehr gebraucht hatte. Es gab eine Menge Wörter, die meinem Wortschatz entfallen waren, da ich so lange im Ausland lebte.

Ich legte mich zurück und beobachtete, wie sie sich zum Aufbruch fertigmachten. Es war wie eine Theatervorstellung, von einem Logenplatz aus gesehen. Gleich einem Paralytiker im Rollstuhl genoß ich das Schauspiel. Wenn eine von ihnen es sich einfallen lassen sollte, einen Krug Wasser über mich zu schütten, dann würde ich mich nicht von der Stelle rühren. Ich würde mich nur schütteln und lächeln – so wie man über ausgelassene Engel lächelt. (Waren sie das?) Ich hatte nur den einen Wunsch, daß sie gingen und mich meinen Träumereien überließen. Hätte ich irgendwelche Münzen bei mir gehabt, so hätte ich sie unter sie geworfen.

Nach einer Ewigkeit gingen sie zur Tür. Adrienne warf mir aus der Entfernung einen Handkuß zu, eine so unwirkliche Geste, daß ich von der schwebenden Haltung ihres Arms ganz fasziniert war. Ich sah ihn einen langen Gang hinunter entschwinden, wo er schließlich durch die enge Öffnung eines Trichters eingezogen wurde, noch am Handgelenk abgebeugt, aber so verkleinert, so schlank geworden, daß er schließlich einem Strohhalm glich.

«*Salaud!*» rief eines der Mädchen, und als die Tür ins Schloß schlug, ertappte ich mich dabei, wie ich antwortete: «*Oui, c'est juste. Un salaud. Et vous, des salopes. Il n'y a que ça. N'y a que ça. Salaud, salope. La saloperie, quoi. C'est assoupissant.*»

Ich kam zu mir mit einem «Scheiße, was zum Teufel rede ich da überhaupt?»

Räder, Beine, herunterrollende Köpfe . . . Gut. Morgen

wird ein Tag wie jeder andere sein, nur besser, saftiger, rosiger. Der Mann auf dem Brett wird sich vom Ende eines Kais ins Wasser rollen. In Canarsie. Er wird mit einem Hering im Mund wieder hochkommen. Einem Matjeshering, nichts Geringerem.

Wieder hungrig. Ich stand auf und suchte nach den Überresten eines belegten Brotes. Nicht einmal eine Krume lag auf dem Tisch. Ich ging geistesabwesend ins Badezimmer, wo ich mein Wasser abschlagen wollte. Dort lagen zwei Scheiben Brot herum, einige Käsestücke und ein paar zerquetschte Oliven. Offensichtlich angeekelt fortgeworfen.

Ich hob ein Stück Brot auf, um zu sehen, ob man es noch essen konnte. Jemand hatte zornig mit dem Fuß darauf gestampft. Es war mit Senf beschmiert. War es auch wirklich Senf? Besser probierte ich ein anderes Stück. Ich rettete ein leidlich sauberes Stück, das ein wenig durchfeuchtet war vom Liegen auf dem nassen Boden, und klatschte etwas Käse darauf. In einem Glas neben dem Bidet war noch ein Tropfen Wein. Ich kippte ihn hinunter und biß dann herzhaft in das Brot. Durchaus nicht schlecht. Im Gegenteil, es schmeckte gut. Mikroben stören Hungrige oder Inspirierte nicht. Was für ein Quatsch, diese Manie, alles in Zellophan zu verpacken, weil irgend jemand irgendwas berührt haben könnte. Um das zu beweisen, fuhr ich mir damit über den Hintern. Nur flüchtig, versteht sich. Dann schlang ich es hinunter. *Da!* Was ist schon dabei? Ich suchte nach einer Zigarette. Es waren nur Stummel übrig. Ich wählte den längsten und zündete ihn an. Köstliches Aroma. Nicht dieses getoastete Sägemehl aus Amerika! Echter Tabak. Eine von Carls Gauloises Bleues ohne Zweifel.

Woran hatte ich doch noch gleich gedacht?

Ich setzte mich an den Küchentisch und legte die Füße

darauf. Nun wollen wir doch mal sehen ... Was war es denn noch?

Aber ich war unfähig, zu sehen oder zu denken. Ich fühlte mich einfach wundervoll.

Warum überhaupt denken?

Ja, ein großer Tag. *Mehrere* sogar. Ja, es war erst ein paar Tage her, daß wir hier saßen und uns fragten, wohin wir fahren sollten. Es hätte gut gestern sein können. Oder vor einem Jahr. Kaum ein Unterschied. Man wird in die Mangel genommen, und dann fällt man zusammen. Auch die Zeit fällt zusammen. Huren fallen zusammen. Alles fällt zusammen. Fällt zusammen zu einem Tripper.

Auf dem Fensterbrett zwitscherte ein früher Vogel. Vergnügt, verschlafen erinnerte ich mich, daß ich vor Jahren so in Brooklyn Heights gesessen hatte. In einem anderen Leben. Ich würde Brooklyn wahrscheinlich nie wiedersehen. Ebenso wenig wie Canarsie oder Shelter Island, oder Montauk Point, oder Secaucus, oder Lake Pocotopaug, oder den Neversink River, auch nicht Kammuscheln mit Speck, keinen geräucherten Schellfisch, keine Bergaustern. Seltsam, wie man im Dreck stecken und glauben kann, man sei daheim. Bis jemand Minnehaha – oder Walla Walla sagt. *Heimat.* Heimat ist es, wenn es Heimat bleibt. Wo man seinen Hut aufhängt, mit anderen Worten. Weit weg, sagte sie, und meinte damit Ménilmontant. Das ist nicht weit. China ist viel weiter. Oder Mozambique. Wonnig, immer so dahinzutreiben. Paris ist ungesund. Vielleicht hatte sie damit recht. Bißchen Luxemburg versuchen, Kleine! Was zum Teufel, es gibt Tausende von Orten. Bali zum Beispiel. Oder die Karolinen. Verrückt, ewig hinter dem Geld her zu sein. Geld, Geld. Kein Geld. Einen Haufen Geld. Tja, irgendwo weit, weit weg. Und keine Bücher, keine Schreibmaschine, kein gar nichts. Sag nichts, tu nichts. Laß dich von der Strömung treiben.

Diese Schnalle, Nys. Nichts als eine Möse. *Was für ein Leben!* Vergiß nicht – *Kitzel!* Ich stand auf, gähnte, rekelte mich und wankte zum Bett.

Weg wie ein Blitz. Hinunter, hinunter, in den kosmozentrischen Pfuhl. Leviathane schwimmen in sonnenerleuchteten Tiefen umher. Das Leben geht überall wie gewöhnlich weiter. Frühstück pünktlich um zehn. Ein arm- und beinloser Mann, der an der Bar mit den Zähnen bedient. Dynamit fällt aus der Stratosphäre herab. Strumpfbänder schlängeln sich in langen, anmutigen Spiralen herunter. Eine Frau mit einem aufgeschlitzten Torso bemüht sich verzweifelt, ihren abgetrennten Kopf anzuschrauben. Will Geld dafür. Für was? Sie weiß nicht *für was*. Einfach Geld. Auf einem Schirmfarn liegt ein frischer Leichnam, von Kugeln durchlöchert. Ein eisernes Kreuz hängt ihm am Hals. Jemand bittet um ein Sandwich. Das Wasser ist zu unruhig für Sandwiches. Schau unter S im Lexikon nach!

Ein reicher, befruchtender Traum, durchschossen von einem mystischen blauen Licht. Ich war in jene gefährliche Tiefe gesunken, wo man vor Wonne und Staunen wieder zum Fruchtknoten wird. Ganz verschwommen wurde mir bewußt, daß ich eine herkulische Anstrengung machen mußte. Das Bemühen, die Oberfläche zu erreichen, war quälend, köstlich quälend. Dann und wann gelang es mir, die Augen zu öffnen: Ich sah das Zimmer wie durch einen Nebel, aber mein Körper war unten in den schimmernden Meerestiefen. Zurückzufallen in Bewußtlosigkeit war eine Wollust. Ich sank glatt hinunter auf den bodenlosen Meeresgrund und wartete dort wie ein Haifisch.

Dann stieg ich langsam, ganz langsam empor. Es war quälend. Nur Kork und keine Flossen. Als ich mich der Oberfläche näherte, wurde ich wieder in die Tiefe gezogen – hinunter, hinunter in köstlicher Hilflosigkeit, eingesogen in den leeren Strudel, um dort endlose Zeiten abzuwarten, bis der Wille sich sammelte und mich wie eine gesunkene Boje hinauftrieb.

Ich erwachte mit dem Geräusch zwitschernder Vögel in den Ohren. Das Zimmer war nicht mehr von einem wässerigen Nebel verschleiert, sondern klar und erkennbar. Auf meinem Schreibtisch stritten zwei Spatzen um eine Brotkrume. Ich stützte mich auf den Ellbogen und beobachtete, wie sie zum Fenster flatterten, das geschlossen war. Sie flogen in die Diele, dann wieder zurück, wie wild nach einem Ausgang suchend.

Ich stand auf und öffnete das Fenster. Sie flogen weiter wie betäubt im Zimmer umher. Ich verhielt mich ganz ruhig. Plötzlich schossen sie durch das offene Fenster. *«Bonjour, Madame Oursel»*, piepsten sie.

Es war heller Mittag, ungefähr der dritte oder vierte Frühlingstag ...

# Mara-Marignan

Auf den Champs-Élysées, in der Nähe des Café Marignan, lief ich ihr in die Arme.

Erst kurz zuvor hatte ich mich von einer schmerzlichen Trennung von Mara-Saint-Louis erholt. Das war nicht ihr Name, aber nennen wir sie für den Augenblick so, denn sie war auf der Île St-Louis geboren, und dort wanderte ich oft nachts umher und ließ mich vom Rost zerfressen.

Da ich gerade neulich von ihr gehört habe, nachdem ich sie längst aufgegeben hatte, kann ich das Folgende erzählen. Nur ist die Geschichte jetzt wegen gewisser Dinge, die mir inzwischen klargeworden sind, noch komplizierter geworden.

Ich möchte am Rande bemerken, daß mir mein Leben wie eine einzige Suche nach *der* Mara erscheint, die alle die anderen verschlingen und ihnen bedeutungsvolle Wirklichkeit verleihen würde.

Die Mara, welche die Ereignisse herbeiführte, war weder die Mara von den Champs-Élysées noch die Mara von der Île St-Louis. Die Mara, von der ich spreche, hieß Eliane. Sie war mit einem Mann verheiratet, der im Gefängnis saß, weil er Falschgeld in Umlauf gebracht hatte. Sie war auch die Geliebte meines Freundes Carl, der zuerst leidenschaftlich in sie verliebt gewesen war und jetzt, an jenem Nachmittag, von dem ich spreche, ihrer so überdrüssig war, daß er den Gedanken nicht ertragen konnte, sie allein aufzusuchen.

Eliane war jung, schlank und anziehend, nur daß sie reichlich mit Leberflecken gesprenkelt war und einen dichten Flaum auf der Oberlippe hatte. In den Augen meines Freundes erhöhten diese Mängel anfangs nur noch ihre Schönheit, aber als er ihrer müde wurde, störten sie ihn und veranlaßten ihn manchmal, sarkastische Witze darüber zu machen, die sie zusammenzucken ließen. Wenn sie weinte, wurde sie merkwürdigerweise schöner denn je. Mit ihrem von Tränen überströmten Gesicht sah sie wie eine reife Frau und nicht wie das schmächtige, zwitterartige Wesen aus, in das Carl sich verliebt hatte.

Elianes Mann und Carl waren alte Freunde. Sie hatten sich in Budapest kennengelernt, wo er Carl vor dem Verhungern gerettet und ihm später das Geld gegeben hatte, nach Paris zu gehen. Die Dankbarkeit, die Carl zunächst dem Mann gegenüber empfand, schlug bald in Verachtung und Hohn um, als er entdeckte, wie dumm und gefühllos der Bursche war. Zehn Jahre später begegneten sie sich zufällig in Paris auf der Straße. Die Folge war eine Einladung zum Essen, die Carl nie angenommen hätte, wenn der Ehemann nicht mit einer Fotografie seiner jungen Frau geprahlt hätte. Carl hatte sofort Feuer gefangen. Sie habe ihn, so erzählte er mir, an ein Mädchen namens Marcienne erinnert, über die er zu jener Zeit schrieb.

Ich erinnere mich noch gut, wie die Geschichte von Marcienne gedieh, als seine heimlichen Zusammenkünfte mit Eliane immer häufiger wurden. Er hatte Marcienne nur drei- oder viermal nach ihrer Begegnung im Wald von Marly gesehen, wo er sie in Begleitung eines schönen Windspiels getroffen hatte. Ich erwähne den Hund nur, weil er, als Carl sich zuerst mit der Geschichte herum-

schlug, für mich weit mehr Wirklichkeit hatte als die Frau, in die er angeblich verliebt war.

Als Eliane in sein Leben trat, begann Marciennes Gestalt Form und Substanz anzunehmen. Er stattete Marcienne sogar mit einem von Elianes überflüssigen Leberflecken aus – dem an ihrem Nacken, der ihn, wie er sagte, jedesmal, wenn er ihn küßte, besonders leidenschaftlich erregte.

Einige Monate lang hatte er nun das Vergnügen, alle schönen Leberflecke Elianes zu küssen, einschließlich den am linken Bein, oben nahe beim Spalt. Aber sie konnten ihn nicht mehr entflammen. Er hatte die Geschichte von Marcienne beendet – und damit war auch seine Leidenschaft für Eliane verraucht.

Den Schlußstrich zog die Verhaftung und Verurteilung des Ehemannes. Solange der Ehemann auf freiem Fuß war, hatte wenigstens der Reiz der Gefahr bestanden. Jetzt, wo er hinter sicheren Gittern saß, sah sich Carl einer Geliebten gegenüber, die zwei Kinder aufzuziehen hatte und ihn begreiflicherweise als Beschützer und Ernährer ansah. Carl war nicht ungroßzügig, aber ein Ernährer war er gewiß nicht. Er hatte auch Kinder recht gern, muß ich sagen, aber er mochte nicht den Vater für die Kinder eines Mannes spielen, den er verachtete. Unter diesen Umständen schien es ihm das Beste, für Eliane eine Arbeit zu suchen – was er auch tat. Wenn er abgebrannt war, aß er bei ihr. Hin und wieder beklagte er sich, daß sie zu hart arbeite und ihre Schönheit ruiniere. Insgeheim war er es natürlich zufrieden, denn eine von Müdigkeit erschöpfte Eliane stellte weniger Ansprüche an seine Zeit.

An dem Tag, an dem er mich überredete, ihn zu begleiten, war er schlechter Laune. Er hatte an diesem Morgen ein Telegramm von ihr bekommen, in dem sie ihm mitteilte, daß sie den Tag über frei sei und daß er so bald wie möglich kommen solle. Er beschloß, gegen vier Uhr nachmittags hinzugehen und mit mir zusammen kurz nach dem Abendessen wieder aufzubrechen. Ich sollte mir einen Grund ausdenken, wie er sich zurückziehen konnte, ohne daß es eine Szene gab.

Als wir bei ihr ankamen, stellte ich fest, daß es drei Kinder gab und nicht nur zwei – er hatte vergessen, mir zu sagen, daß da auch noch ein Baby war. Reine Vergeßlichkeit, wie er mir versicherte. Ich muß sagen, es war nicht gerade die Atmosphäre eines Liebesnests. Der Kinderwagen stand unten vor der Treppe im schmutzigen Hof, und das Baby schrie aus vollem Hals. Drinnen war die Kinderwäsche zum Trocknen aufgehängt. Die Fenster standen weit offen, und überall gab es Fliegen. Das älteste Kind nannte ihn Papi, was ihn über alle Maßen ärgerte. Mit verdrießlicher Stimme bat er Eliane, sie solle die Kinder aus dem Weg schaffen. Das führte fast zu einem Tränenausbruch. Er warf mir einen hilflosen Blick zu, der besagte: Es geht schon wieder los ... Wie soll ich bloß diese Plage überstehen? Und dann tat er in seiner Verzweiflung so, als sei er quietschvergnügt, verlangte Getränke, schaukelte die Kinder auf seinen Knien, sagte ihnen Gedichte vor, patschte Eliane rasch und desinteressiert auf das Hinterteil, so als ob es ein Schinken wäre, den er eigens für diesen Tag bestellt hatte. Er ging sogar noch ein wenig weiter in seiner simulierten Fröhlichkeit. Das Glas in der Hand, winkte er Eliane zu sich, gab ihr zuerst einen Kuß auf seinen Lieblingsleberfleck, und indem er mich aufforderte, näher heranzukommen, schob er seine freie Hand in ihre Bluse und fischte eine ihrer Brüste heraus, die er mich kühl zu begutachten bat.

Ich war schon früher Zeuge solcher Vorstellungen gewesen – bei anderen Frauen, in die er verliebt gewesen war. Seine Gefühle liefen für gewöhnlich im gleichen Zyklus

93

ab: Leidenschaft, Kühle, Gleichgültigkeit, Überdruß, Spott, Verachtung, Ekel. Eliane tat mir leid. Die Kinder, die Armut, Plackerei und Demütigung – die Situation war wirklich nicht komisch. Als er sah, daß der Scherz nicht gezündet hatte, schämte Carl sich plötzlich. Er stellte sein Glas hin, legte mit dem Blick eines geprügelten Hundes die Arme um sie und küßte sie auf die Stirn. Das sollte ihr zeigen, daß sie trotz ihres appetitlichen Hintern und der außerordentlich verführerischen linken Brust ein Engel sei. Dann ging ein törichtes Grinsen über sein Gesicht, er setzte sich auf den Diwan und murmelte: «Tja, ja», als wolle er sagen: So stehen nun mal die Dinge, es ist traurig, aber was kann man machen?

Um die Spannung zu mildern, erbot ich mich, die Kinder zu einem Spaziergang auszuführen – das im Kinderwagen eingeschlossen. Sofort geriet Carl in Bestürzung. Er wollte mich nicht losziehen lassen. Aus den Gesten und Grimassen, die er hinter Elianes Rücken machte, schloß ich, daß ihm der Gedanke, ausgerechnet jetzt seinen amourösen Pflichten nachkommen zu müssen, nicht behagte. Laut sagte er, daß *er* die Kinder an die Luft führen wolle. Hinter ihrem Rücken gab er mir in der Taubstummensprache zu verstehen, ich solle es doch einmal mit ihr probieren. Selbst wenn ich es gewollt hätte – ich hätte es nicht gekonnt. Ich brachte es nicht übers Herz. Außerdem war ich eher geneigt, ihn auf die Folter zu spannen, weil er sie so gefühllos behandelte. Inzwischen begannen die Kinder, die den Sinn der Unterhaltung begriffen hatten und Zeugen der Taubstummengesten hinter dem Rücken ihrer Mutter geworden waren, sich so aufzuführen, als sei der Teufel in sie gefahren. Sie bettelten und drängelten und brüllten und stampften schließlich in unbeherrschter Wut mit den Füßen auf. Das Kind im Wagen begann wieder zu quäken, der Papagei machte Radau, der Hund jaulte. Als

sie sahen, daß sie ihren Willen nicht kriegten, fingen die Bälger an, Carl nachzumachen. Sie hatten ihn voller Amüsement und Verwunderung beobachtet. Ihre Gesten waren durch und durch obszön, und die arme Eliane konnte sich nicht erklären, was in ihre Kinder gefahren war.

Carl war inzwischen völlig hysterisch geworden. Zu Elianes Erstaunen wiederholte er plötzlich seine dummen Possen ganz offen, doch diesmal so, als imitiere er dabei die Kinder. In diesem Augenblick verlor ich die Beherrschung. Ich brüllte vor Lachen, und die Kinder folgten meinem Beispiel. Dann schob Carl Eliane, um ihre Proteste zum Schweigen zu bringen, hinüber zum Diwan, wobei er ihr die furchtbarsten Grimassen schnitt und wie ein Affe in diesem österreichischen Dialekt schnatterte, den sie nicht ausstehen konnte. Die Kinder kletterten auf ihr herum, kreischten wie die Perlhühner und machten unanständige Gesten, was Eliane nicht verhindern konnte, denn Carl hatte angefangen, sie zu kitzeln und sie in den Nacken, in die Beine, ins Hinterteil und in ihre Brüste zu beißen. Da lag sie, den Rock bis zum Hals hochgeschlagen, wand sich, quiekte, lachte, als würde sie platzen, und war gleichzeitig wütend, geradezu außer sich. Als es ihr schließlich gelang, sich zu befreien, brach sie in heftiges Schluchzen aus. Carl saß neben ihr, blickte bestürzt und verwirrt vor sich hin und murmelte wie vorher: «Tja, ja.» Ich nahm ruhig die Kinder bei der Hand und ging mit ihnen auf den Hof hinaus, wo ich sie, so gut ich konnte, unterhielt, während drinnen die Liebenden sich wieder versöhnten.

Als ich zurückkam, hatten sich die beiden ins Nebenzimmer verzogen. Sie waren so still, daß ich zuerst glaubte, sie seien eingeschlafen. Aber plötzlich steckte Carl den Kopf durch die Tür und deutete mir mit seinem üblichen clownischen Grinsen an: Alles klar, ich habe es ihr besorgt! Bald darauf erschien Eliane, sie sah erhitzt aus und strahlte befriedigt. Ich legte mich auf den Diwan und spielte mit den Kindern, während Carl und Eliane fortgingen, um fürs Abendbrot einzukaufen. Als sie zurückkamen, waren sie in Hochstimmung. Ich hatte den Verdacht, daß Carl, dessen Augen schon bei dem bloßen Wort Essen aufzuleuchten pflegten, sich in der Begeisterung hatte hinreißen lassen, Eliane Versprechungen zu machen, die er nicht zu halten gedachte. Eliane war merkwürdig leichtgläubig – schuld daran waren vermutlich die Leberflecke, die sie ständig daran erinnerten, daß ihre Schönheit nicht makellos war. Die Behauptung, er liebe sie gerade wegen ihrer Leberflecke, die zu Carls Strategie gehörte, lieferte sie ihm hoffnungslos aus. Jedenfalls strahlte sie immer mehr. Wir tranken noch einen Amer Picon – einen zuviel für sie – und fingen dann, als die Dunkelheit langsam hereinbrach, zu singen an.

In dieser Stimmung sangen wir immer deutsche Lieder. Eliane sang mit, obwohl sie die deutsche Sprache haßte. Carl war jetzt wie ausgewechselt. Keine Spur von Panik mehr. Zweifellos hatte er gute Arbeit bei ihr geleistet, er hatte drei oder vier Apéritifs getrunken und war nun hungrig wie ein Wolf. Außerdem war es bald Nacht, und dann würde er frei sein. Kurzum, der Tag nahm einen in jeder Beziehung befriedigenden Verlauf.

Wenn Carl friedlich und heiter gestimmt war, dann war er unwiderstehlich. Er sprach begeistert über den Wein, den er besorgt hatte, eine sehr teure Sorte, und behauptete, wie immer bei solchen Gelegenheiten, er habe ihn eigens für mich gekauft. Während er über den Wein sprach, machte er sich über die Horsd'œuvres her. Die machten ihn noch durstiger. Eliane versuchte, ihn zur Mäßigung zu bewegen, aber jetzt war er nicht mehr zu halten. Er fischte wieder eine ihrer Titten hervor, diesmal ohne bei ihr auf Protest zu stoßen, und nachdem er ein wenig Wein darüber gegossen hatte, nibbelte er gierig daran – zum größten Gaudium der Kinder. Dann mußte er mir natürlich den Leberfleck auf ihrem linken Bein oben beim Spalt zeigen. So wie die Dinge sich entwickelten, glaubte ich, sie würden wieder ins Schlafzimmer gehen, aber nein, plötzlich schob er die Titte wieder in die Bluse zurück, ließ sich zurückfallen und schrie: «*J'ai faim, j'ai faim, chérie.*» Und das im gleichen Ton, als riefe er: Fick mich, Liebling, ich kann's nicht mehr aushalten!

Im weiteren Verlauf des exzellenten Mahls kamen wir auf die sonderbarsten Themen. Beim Essen – besonders wenn es ihm schmeckte – hielt Carl gerne eine zwanglose Unterhaltung in Gang, die es ihm gestattete, sich ganz auf die Speise und den Wein zu konzentrieren. Um die Gefahren eines ernsthaften Gesprächs zu vermeiden, das seinen Verdauungsprozeß hätte beeinträchtigen können, warf er aufs Geratewohl Bemerkungen hin, die ihm für den Bissen, den er zum Mund führte, oder das Glas Wein, das er trank, passend und geeignet schienen. So platzte er jetzt damit heraus, daß er vor kurzem ein Mädchen kennengelernt habe – er war sich nicht sicher, ob sie eine Hure war oder nicht, aber was machte das schon? –, das ich auch kennenlernen müsse. Ehe ich fragen konnte, warum, fügte er hinzu: «Sie ist ganz dein Typ.

«Ich kenne deinen Typ», ratterte er weiter und machte eine flüchtige Anspielung auf Mara von der Île St-Louis. «Die da ist viel besser», setzte er hinzu. «Ich werde das für dich arrangieren ...»

Oft, wenn er so etwas sagte, war überhaupt nichts dahinter. Er sagte es nur, weil ihm gerade der Gedanke, mich irgendeiner sagenhaften Schönheit vorzustellen, durch den Kopf gegangen war. Auch spielte dabei eine Rolle, daß er das, was er ‹meinen Typ› nannte, nie gemocht hatte.

Wenn er mir eins versetzen wollte, deutete er an, daß es von dieser Sorte in Mitteleuropa Tausende gebe und daß nur ein Amerikaner ein solches Wesen attraktiv finden könne. Wollte er ganz gehässig sein, meinte er sarkastisch: «Die ist aber bestimmt über fünfunddreißig, da schwör ich drauf.» Manchmal, wie im gegenwärtigen Augenblick, tat ich so, als glaubte ich ihm, und setzte ihm mit Fragen zu, die er dann obenhin und nur sehr vage beantwortete. Hin und wieder jedoch, besonders wenn ich ihn aufzog, schmückte er die Geschichte mit so überzeugenden Einzelheiten aus, daß er am Schluß an seine eigenen Schwindeleien glaubte. In solchen Augenblicken nahm er einen wahrhaft dämonischen Ausdruck an und erfand mit der Geschwindigkeit eines Waldbrandes die ungewöhnlichsten Gespräche und Begebenheiten. Um im Fluß zu bleiben, griff er häufig zur Flasche, kippte ein volles Glas hinunter, als wäre es pures Wasser, aber mit jedem Zurückwerfen des Kopfes lief er immer roter an, die Adern an seinen Schläfen traten in Knoten hervor, seine Stimme wurde lauter, seine Gesten unbeherrschter und sein Blick durchdringender, als habe er eine Halluzination. Wenn er dann unvermittelt innehielt, blickte er wild um sich, zog mit dramatischer Geste seine Uhr hervor und sagte dann völlig sachlich: «In zehn Minuten steht sie an der und der Straßenecke. Sie hat ein getupftes Musselinkleid an und eine Handtasche aus Krokodilleder unter dem Arm. Wenn du sie kennenlernen willst, geh hin und überzeuge dich selbst.» Und damit schaltete er das Gespräch lässig auf ein belangloses Thema um – *da er ja den Wahrheitsbeweis angeboten hatte.* Im allgemeinen rührte sich natürlich niemand von der Stelle, um die Richtigkeit seiner Behauptungen zu überprüfen. «Du hast ja bloß Angst», sagte er dann. «Du weißt genau, daß sie dort steht ...» Und ganz beiläufig, immer in einem sachlichen Ton, als übermittle er eine Botschaft aus einer anderen Welt, fügte er noch ein weiteres beweiskräftiges Detail hinzu.

Bei Behauptungen, die sich auf der Stelle überprüfen ließen, ohne daß man deswegen die Mahlzeit oder die Unterhaltung unterbrechen mußte, war er in den Einzelheiten oft so genau, daß seinen Zuhörern, wenn er in vollem Zuge war, der kalte Schweiß ausbrach. Was als Clownerie und Jux begann, verkehrte sich oft in etwas Unheimliches, Gespenstisches. Bei Neumond – und diese Anfälle trafen meist mit bestimmten Mondphasen zusammen, wie ich häufig beobachten konnte – endete der Abend in einer schauerlichen Groteske. Wenn sein Blick zufällig auf den Mond fiel, war es völlig um ihn geschehen. «Da ist er!» schrie er, als hätte er ein Gespenst gesehen. «Schlimm, schlimm», murmelte er dann immer wieder vor sich hin, rieb sich wie verrückt die Hände, lief mit gesenktem Kopf im Zimmer auf und ab, und die Zunge hing ihm dabei aus dem halboffenen Mund wie ein roter Lappen heraus.

Zum Glück stand diesmal der Mond nicht am Himmel, und wenn doch, dann war sein verwirrender Schein noch nicht in Elianes kleine Wohnung gedrungen. Das Schlimme war, daß Carls Euphorie ihn zu einer langen Geschichte über Elianes närrischen Mann ausholen ließ. Es war eine völlig lächerliche und, wie ich später herausfand, durchaus wahre Geschichte. Es ging um ein Dackelpaar, auf das Elianes Mann es abgesehen hatte. Er hatte die Hunde herrenlos in der Gegend herumlaufen sehen, und nicht genug damit, daß er schon mit Erfolg Falschgeld unter die Leute brachte, wollte er nun auch noch Hunde stehlen, um Finderlohn zu schinden. Als es eines Morgens klingelte und er die Tür öffnete, sah er sich zu seiner nicht geringen Überraschung einem Kriminalbeamten gegenüber. Er hatte die Hunde gerade gefüttert, und sie waren ihm so ans Herz gewachsen, daß er an die Belohnung schon gar nicht mehr gedacht hatte. Daß man ihn seiner Tierliebe wegen verhaften wollte, empfand er als eine ausgesprochene Ungerechtigkeit des Schicksals ... Die Geschichte erinnerte Carl an andere Begebenheiten, die er mit Elianes Mann erlebt hatte, als sie zusammen in Budapest wohnten, lauter törichte, lächerliche Zwischenfälle, die nur einem solchen Dummkopf, wie er es in Carls Augen nun einmal war, zustoßen konnten.

Carl fühlte sich nach dem Abendbrot so wohl, daß er beschloß, ein Nickerchen zu machen. Als ich sah, daß er fest schlief, empfahl ich mich bei Eliane und machte mich aus dem Staub. Ich hatte nichts Besonderes vor. Ich bummelte zum nahen Étoile hinüber und schlenderte dann die Champs-Élysées hinunter, Richtung Tuilerien, um irgendwo einen Schwarzen zu trinken. Ich war gut gelaunt und zufrieden mit mir und der Welt. Das Flimmern und der *frou-frou* der Champs-Élysées bildeten einen eigenartigen Gegensatz zu der Atmosphäre dort in dem Hinterhof mit dem abgestellten Kinderwagen. Ich hatte zur Abwechslung gut gegessen und getrunken und war von Kopf bis Fuß gut in Schale. Ich erinnere mich, daß ich mir am frühen Nachmittag sogar einen Schuhputzer geleistet hatte.

Während ich so den breiten Boulevard entlangschlenderte, fiel mir plötzlich mein erster Besuch auf den Champs-Élysées vor fünf oder sechs Jahren wieder ein. Ich war im Kino gewesen und hatte gut gelaunt den Weg zu den Champs-Élysées eingeschlagen, um in Ruhe vor dem Schlafengehen noch einen zu trinken. In einer kleinen, abgelegenen Bar hatte ich ganz allein ein paar Drinks genommen und dabei an einen alten Freund von mir in Brooklyn gedacht und daran, wie wundervoll es doch gewesen wäre, wenn er jetzt neben mir gesessen hätte. In Gedanken führte ich auch ein richtiges Gespräch mit ihm.

Ja, ich unterhielt mich gewissermaßen noch mit ihm, als ich in die Champs-Élysées einbog. Etwas angeheitert und in äußerst gehobener Stimmung war ich ein bißchen verblüfft, so viele Bäume vor mir zu sehen. Verwirrt schaute ich mich um und ging stracks auf die erleuchteten Cafés zu. Vor dem Marignan nahm mich eine attraktive, forsche, redegewandte, herrische Hure beim Arm und ließ sich nicht abweisen. Ich konnte damals nur zehn Worte Französisch. Das und die blendenden Lichter, die vielen Bäume, die köstliche Frühlingsluft und meine innere Glut machten mich völlig hilflos. Ich wußte, ich war dran. Ich wußte, ich war geliefert. Ich machte den lahmen Versuch, anzuhalten und sie abzuschütteln. Ich weiß noch, daß wir direkt vor der *terrasse* des Marignan standen, auf der die Leute dicht gedrängt saßen. Ich erinnere mich, wie sie sich zwischen mich und die Leute stellte. Sie schwatzte auf mich ein, ohne daß ich das Geringste verstand, knöpfte dabei meinen Mantel auf und griff sich ihn. Die ganze Zeit über machte sie mit den Lippen die eindeutigsten Bewegungen. Mein schwacher Versuch, ihr Widerstand zu leisten, brach in sich zusammen. Im Nu landeten wir in einem Hotelzimmer, und noch ehe ich wußte, wie mir geschah, lutschte sie mir nach allen Regeln der Kunst einen ab, nicht ohne mir vorher bis auf ein wenig Kleingeld die Taschen geleert zu haben.

Ich dachte an dieses Erlebnis und an meine lächerlichen Gänge zum amerikanischen Krankenhaus in Neuilly, die ich an den darauffolgenden Tagen unternommen hatte, um eine eingebildete Syphilis auszukurieren, da bemerkte ich plötzlich vor mir ein Mädchen, das sich auffällig nach mir umsah. Sie stand da und wartete auf mich, als sei sie vollkommen sicher, daß ich sie beim Arm nehmen und mit ihr die Avenue hinunterschlendern würde. Was ich auch tat. Ich glaube, ich hielt dabei nicht einmal den Schritt an. Es war die natürlichste Sache von der Welt, auf das übliche «Hallo, wohin des Wegs?» zu antworten: «Nirgendwohin, nehmen wir einen Drink zusammen.»

Meine schnelle Reaktion, meine Sicherheit, meine Nonchalance und die Tatsache, daß ich gut in Schale war, mochten bei ihr den Eindruck hervorgerufen haben, ich sei ein amerikanischer Millionär. Als wir auf das hell erleuchtete Café zuschritten, stellte ich fest, daß es das Marignan war. Die Sonnenschirme über den Tischen waren noch aufgespannt, obwohl es längst dunkel war. Das Mädchen trug ein dünnes Fähnchen und um den Hals den typischen Hurenschmuck. In diesem Fall eine ziemlich räudige, mottenzerfressene Pelzkrawatte. Aber es waren ihre Augen, die meine Aufmerksamkeit auf sich zogen, sie waren nußbraun und von großer Schönheit. Sie erinnerten mich an jemanden – jemanden, in den ich einmal verliebt gewesen war. An wen, darauf konnte ich mich im Augenblick nicht besinnen.

Aus irgendeinem Grund wollte Mara, wie sie sich nannte, partout Englisch sprechen. Sie mußte ihr Englisch in Costa Rica aufgegabelt haben, wo sie, wie sie behauptete, einen Nachtclub geleitet hatte. Es war das erste Mal in all den Jahren, in denen ich in Paris gewesen war, daß eine Hure den Wunsch hatte, Englisch zu sprechen. Offenbar deshalb, weil sie das an die guten Tage von Costa Rica erinnerte, wo sie etwas Besseres als eine Hure gewesen war. Und dann gab es noch einen anderen Grund: Mr. Winchell. Dieser Mr. Winchell war ein charmanter, freigebiger Amerikaner, ein *Gentleman*, wie sie sagte, den sie zufällig in Paris kennengelernt hatte, als sie von Costa Rica mit leeren Taschen und gebrochenem Herzen zurückgekehrt war. Mr. Winchell gehörte einem Sportclub in New York an, und obwohl er seine Frau im Schlepptau hatte, war er zu ihr hochanständig gewesen. Als echter Gentle-

man hatte Mr. Winchell Mara seiner Frau vorgestellt, und die drei hatten zusammen einen Abstecher nach Deauville unternommen. So erzählte sie jedenfalls. Daran mag etwas Wahres gewesen sein, denn es schwirrten tatsächlich Männer wie Winchell in der Welt herum, die sich dann und wann eine Hure aufgreifen und sie in ihrer Euphorie wie eine Dame behandeln. Und manchmal ist dann die kleine Hure auch wirklich eine Dame. Aber dieser Winchell war, wie Mara sagte, ein wirklicher Herr – und seine Frau war auch nicht übel. Sie reagierte allerdings sauer, als Mr. Winchell vorschlug, zu dritt ins Bett zu gehen. Mara konnte ihr das nicht verdenken. *«Elle avait raison»*, meinte sie.

Aber wie dem auch sei, Mr. Winchell war fort, und der Scheck, den er Mara vor seiner Abreise nach Amerika überreicht hatte, war längst verzehrt. Es war schnell damit gegangen, denn kaum war Mr. Winchell verschwunden, da tauchte Ramon auf. Ramon hatte in Madrid ein Cabaret aufziehen wollen, aber dann war die Revolution ausgebrochen und er hatte fliehen müssen, und als er in Paris ankam, war er völlig abgebrannt. Ramon war auch ein netter Kerl, erklärte Mara. Sie traute ihm vollkommen. Aber nun war er fort. Wohin er eigentlich verschwunden war, wußte sie nicht genau. Trotzdem war sie überzeugt davon, daß er eines Tages nach ihr schicken würde. Sie war todsicher, obwohl sie seit über einem Jahr nichts mehr von ihm gehört hatte.

Das alles, während der Kaffee serviert wurde, in diesem komischen Englisch, das mich wegen ihrer tiefen, rauhen Stimme, ihres pathetischen Ernstes, ihres offensichtlichen Bemühens, mir zu gefallen – denn vielleicht war ich ein zweiter Mr. Winchell? –, tief rührte. Eine Pause, eine ziemlich lange Pause trat ein, in der ich plötzlich an Carls Worte beim Abendessen denken mußte. Sie war wirklich ‹mein Typ›, und obwohl er diesmal keine derartige Pro-

106

phezeiung aufgestellt hatte, entsprach sie doch genau jenem Wesen, das er mir mit der Eingebung des Augenblicks hätte beschreiben können, während er dramatisch die Uhr herauszog und sagte: «... in zehn Minuten wird sie an der und der Straßenecke stehen.»

«Was tust du hier in Paris?» fragte sie, um etwas vertrauter mit mir zu werden. Und als ich eben antworten wollte, fiel sie mir ins Wort und fragte, ob ich Hunger hätte. Ich erklärte ihr, ich hätte gerade wunderbar gegessen, und schlug vor, noch einen Likör und einen Kaffee zu bestellen. Da bemerkte ich plötzlich, daß sie mich mit ihrem Blick geradezu durchbohrte, es war fast unbehaglich. Ich hatte den Eindruck, daß sie wieder an Mr. Winchell dachte, mich vielleicht mit ihm verglich oder gar identifizierte, vielleicht Gott dankend, daß er ihr einen weiteren amerikanischen *Gentleman* beschert hatte und nicht einen kaltblütigen Franzosen. Ich fand es unfair, sie länger solche Gedanken hegen zu lassen, wenn das wirklich ihre Gedanken waren. Ich teilte ihr also so schonend wie möglich mit, daß ich keineswegs ein Millionär sei.

In diesem Augenblick beugte sie sich plötzlich zu mir herüber und gestand mir, daß sie Hunger habe, großen Hunger. Darüber war ich erstaunt. Denn die Essenszeit war längst vorbei, und so töricht das auch sein mochte, aber ich wäre nie auf den Gedanken gekommen, daß eine Champs-Élysées-Hure Hunger leiden könnte. Ich schämte mich ein wenig, so gedankenlos gewesen zu sein, sie nicht zu fragen, ob sie schon gegessen habe. «Gehen wir doch hinein», schlug ich vor, in der Annahme, es würde ihr ein besonderes Vergnügen sein, im Marignan zu essen. Jede andere Frau hätte meinen Vorschlag sofort akzeptiert, besonders wenn sie so großen Hunger gehabt hätte. Aber diese hier schüttelte den Kopf. Im Marignan zu essen käme gar nicht in Frage – das sei viel zu teuer. Ich sagte ihr, sie solle ruhig vergessen, daß ich kein Millionär sei, aber sie weigerte sich standhaft und erklärte, daß sie jedem beliebigen kleinen Restaurant, ganz gleich wo, den Vorzug gebe, ganz in der Nähe seien eine Menge, sagte sie. Ich wies darauf hin, daß die meisten Restaurants vermutlich schon geschlossen hätten, aber sie bestand darauf, daß wir es dennoch versuchen sollten. Und dann, als habe sie ihren Hunger ganz vergessen, rückte sie näher, drückte mir zärtlich die Hand und versicherte mir, was für ein großartiger Kerl ich sei. Und wieder erzählte sie mir von ihrem Leben in Costa Rica und anderen Plätzen am Karibischen Meer, wo ich mir Mädchen wie sie nicht recht vorstellen konnte. Schließlich lief alles darauf hinaus, daß sie nicht zur Hure geschaffen sei und nie eine werden würde. Ich solle ihr nur glauben, sie habe es restlos satt.

«Du bist seit langem der erste Mann», fuhr sie fort, «der mich wie ein menschliches Wesen behandelt hat. Du kannst dir nicht vorstellen, was es für mich bedeutet, einfach mit dir zusammenzusitzen und mit dir zu sprechen.» In diesem Augenblick quälte sie offenbar der Hunger, und fröstelnd versuchte sie, die verrückte, räudige Pelzkrawatte enger um ihren Hals zu schlingen. Eine Gänsehaut überlief ihre Arme, und irgend etwas stimmte nicht an ihrem Lächeln, es war irgendwie zu tapfer und zu gelassen. Ich wollte, daß sie hier keinen Augenblick länger als nötig saß, aber trotz meiner Bereitschaft, aufzubrechen, plapperte sie weiter wie unter Zwang – in einem hysterischen Redefluß, der zwar nichts mit Hunger zu tun hatte, mich aber um so mehr daran erinnerte, daß sie dringend etwas essen mußte und daß es bald zu spät dafür sein würde.

«Der Mann, der mich einmal bekommt, bekommt pures Gold», rief sie plötzlich aus. Sie hatte ihre Hände mit den Innenflächen nach oben vor mich auf den Tisch gelegt und bat mich, sie mir zu betrachten.

«Und so was tut einem das Leben an!» sagte sie leise.

«Aber du bist doch wunderschön», sagte ich herzlich und aufrichtig. «Deine Hände ändern daran nichts!»

Sie beharrte darauf, daß sie nicht schön sei, und fügte hinzu: «Aber ich war es einmal. Jetzt bin ich müde, verbraucht. Ich will von alldem fort. *Paris!* Es sieht so schön aus, nicht wahr? Aber es stinkt, sage ich dir. Ich habe immer für meinen Lebensunterhalt gearbeitet ... Da – sieh dir nur noch mal meine Hände an! Aber *hier* – hier läßt man einen nicht arbeiten. Hier saugen sie einem nur das Blut aus. *Je suis française, moi, mais je n'aime pas mes compatriotes; ils sont durs, méchants, sans pitié pour nous.*»

Ich unterbrach sie sanft, um sie ans Essen zu erinnern. Sollten wir nicht besser aufbrechen? Abwesend stimmte sie zu, noch schwelte in ihr der Zorn gegen ihre gefühllosen Landsleute. Aber sie rührte sich nicht von der Stelle. Statt dessen warf sie einen suchenden Blick über die *terrasse*. Was mochte wohl in ihr vorgehen? Plötzlich stand sie auf, beugte sich über mich und fragte ängstlich, ob es mir etwas ausmache, ein paar Minuten zu warten. Sie habe, so erklärte sie hastig, eine Verabredung mit einem alten Knacker in einem Café etwas weiter die Straße hinauf. Sie glaube zwar nicht, daß er noch da sein werde, aber trotzdem lohne es sich, nachzusehen. Sei er noch da, so springe dabei etwas für sie heraus. Sie hatte anscheinend vor, es rasch hinter sich zu bringen und dann so schnell wie möglich wieder zu mir zu stoßen. Ich sagte ihr, sie solle unbesorgt sein. «Laß dir nur Zeit und hol aus dem alten Geier heraus, was du kannst. Ich habe nichts weiter vor», fügte ich hinzu. «Ich bleibe hier und warte. Und dann gehen wir zusammen essen, vergiß das nicht.»

Ich sah sie die Avenue hinaufsegeln und in dem Café verschwinden, zweifelte allerdings daran, daß sie wiederkommen würde. *Reicher Knacker!* Es mochte wohl eher ihr *maquereau* sein, den sie beschwichtigen mußte. Ich hörte förmlich, wie er ihr erklärte, sie sei eine dumme Pute, sich von einem idiotischen Amerikaner zum Essen einladen zu lassen. Er würde ihr ein Sandwich und ein Bier spendieren und sie wieder auf den Strich schicken. Und wenn sie sich weigerte, würde er ihr eine kleben.

Zu meiner Überraschung war sie in weniger als zehn Minuten zurück. Sie schien enttäuscht und auch wieder nicht enttäuscht zu sein. «Männer halten selten ihr Wort», sagte sie. Mr. Winchell natürlich ausgenommen. Mr. Winchell war anders. «Er hat immer Wort gehalten», sagte sie. «Bis er nach Amerika ging.»

Sie war ehrlich erstaunt über Mr. Winchells Schweigen. Er hatte versprochen, ihr regelmäßig zu schreiben, aber seit über drei Monaten hatte sie noch keine Zeile von ihm erhalten. Sie kramte in ihrer Handtasche und suchte nach seiner Visitenkarte. Vielleicht würde er antworten, wenn ich in einem besseren Englisch einen Brief für sie schriebe. Die Visitenkarte hatte sie offenbar verlegt. Aber sie erinnerte sich genau, daß er in einem New Yorker Sportclub wohnte. Seine Frau wohne auch da, sagte sie. Der *garçon* kam, und sie bestellte sich noch einen schwarzen Kaffee. Es war schon nach elf Uhr, und ich fragte mich nur, wo wir zu so vorgerückter Stunde noch ein gemütliches, billiges Restaurant, wie es ihr vorschwebte, finden sollten.

Ich mußte noch immer an Mr. Winchell denken und in was für einem seltsamen Sportclub er wohl seine Zelte aufgeschlagen haben mochte, als ich sie wie aus weiter Ferne sagen hörte: «Du, ich will aber nicht, daß du so viel Geld für mich ausgibst. Ich hoffe, du bist *nicht* reich. Dein Geld interessiert mich überhaupt nicht. Es tut mir so gut, mit dir zu sprechen. Du weißt nicht, was es bedeutet, wie ein Mensch behandelt zu werden!» Und dann brach es wieder aus ihr hervor: Costa Rica und die anderen Plätze, die

Männer, denen sie sich hingegeben hatte, wobei ja nichts Schlimmes gewesen sei, da sie sie ja geliebt habe. Sie würden sie nie vergessen, denn wenn sie sich einem Mann hingebe, dann mit Leib und Seele. Wieder betrachtete sie ihre Hände und lächelte matt und schlang den Pelzstrick fest um ihren Hals.

Gleichgültig, wieviel davon Erfindung war, ihre Gefühle jedenfalls waren ehrlich und echt. Um ihr die Situation ein wenig zu erleichtern, schlug ich – wohl etwas zu abrupt – vor, sie möge doch das Geld annehmen, das ich bei mir hätte, und dann sei es vielleicht das Beste, wenn wir uns gleich hier trennten. Ich wollte ihr damit zu verstehen geben, daß sie mir für so eine Kleinigkeit wie ein Abendessen nichts schuldig sei. Ich deutete an, daß sie vielleicht gern allein sein wollte. Vielleicht sollte sie sich wirklich einen antrinken und sich ausheulen. Ich brachte das so vorsichtig und taktvoll wie möglich hervor.

Aber sie machte nicht die geringsten Anstalten zu gehen. Augenscheinlich kämpfte sie mit sich. Sie hatte völlig vergessen, daß sie fror und hungrig war. Zweifellos hatte sie mich mit einem ihrer früheren Liebhaber identifiziert, einem von denen, denen sie sich mit Leib und Seele hingegeben hatte – und die sie nie vergessen würden, wie sie gesagt hatte.

Die Situation wurde so heikel, daß ich sie bat, Französisch zu sprechen. Ich konnte es nicht ertragen, daß sie mit ihrem grotesken Costa-Rica-Englisch die schönen Zartheiten, die sie von sich gab, verdarb.

«Glaub mir», platzte sie heraus, «bei jedem anderen Mann hätte ich längst aufgehört, Englisch zu sprechen. Es strengt mich an. Aber bei dir strengt es mich gar nicht an. Ich liebe es, Englisch zu sprechen mit jemanden, der wie du Verständnis für mich hat. Manchmal gehe ich mit Männern, die überhaupt nicht mit mir sprechen. Sie wollen gar

nichts von mir, von *Mara*, wissen. Sie interessiert nur mein Körper. Was kann ich schon so einem Mann geben? Fühl mal, wie heiß ich bin ... ich glühe.»

Als wir im Taxi zur avenue de Wagram fuhren, schien sie die Orientierung zu verlieren. «Wohin fahren wir denn hier?» fragte sie, als befänden wir uns bereits in einem völlig fremden, entlegenen Stadtteil. «Wieso, wir kommen jetzt auf die avenue de Wagram», sagte ich. «Was ist denn los mit dir?» Verwirrt sah sie sich um, als habe sie noch nie etwas von der avenue de Wagram gehört. Dann, als sie mein erstauntes Gesicht sah, zog sie mich an sich und biß mich in die Lippen. Sie biß zu wie ein Tier. Ich hielt sie fest und steckte ihr die Zunge bis tief in den Hals. Meine Hand lag auf ihrem Knie. Ich streifte ihren Rock hoch und strich mit der Hand über das heiße Fleisch. Wieder biß sie mich, zuerst in die Lippen, dann in den Hals, dann ins Ohr. Plötzlich befreite sie sich aus der Umarmung und sagte: *«Mon Dieu, attendez un peu, attendez, je vous en prie.»*

Wir waren bereits an dem Lokal vorbei, in das ich sie führen wollte. Ich beugte mich vor und sagte dem Fahrer, er solle umkehren. Als wir aus dem Taxi stiegen, war sie ganz benommen. Es war ein großes Café, so wie das Marignan, und drinnen spielte ein Orchester. Ich mußte sie überreden, mit hineinzukommen.

Sobald sie ihr Essen bestellt hatte, entschuldigte sie sich und ging die Treppe hinunter, um sich zurechtzumachen. Als sie zurückkam, bemerkte ich zum erstenmal, wie schäbig ihre Kleidung war. Ich bedauerte es, daß ich sie gezwungen hatte, mit in ein so strahlend erleuchtetes Lokal zu kommen. Während sie auf das Kalbskotelett wartete, das sie bestellt hatte, zog sie eine lange Nagelfeile heraus und begann sich die Nägel zu maniküren. Der Lack war an einigen Stellen abgesprungen, was ihren Fingern ein noch häßlicheres Aussehen verlieh. Als die Suppe kam, legte sie die Nagelfeile beiseite und den Kamm daneben. Ich bestrich eine Scheibe Brot mit Butter, und als ich sie ihr reichte, errötete sie, löffelte hastig die Suppe und nahm dann das Brot in Angriff, das sie mit großen Bissen in sich hineinschlang, den Kopf gesenkt, als schäme sie sich ihres Heißhungers. Plötzlich blickte sie auf und sagte, wobei sie impulsiv meine Hand ergriff, mit leiser, vertraulicher Stimme: «Weißt du, Mara vergißt nie. Wie du heute abend mit mir gesprochen hast – das werde ich nie vergessen. Das war mehr, als wenn du mir tausend Francs gegeben hättest. Du, wir haben zwar noch nicht davon gesprochen, *aber* ... wenn du mit mir kommen willst ... ich meine ...»

«Sprechen wir jetzt nicht darüber», sagte ich. «Nicht, daß ich *nicht* mit dir gehen wollte, aber ...»

«Ich verstehe», sprudelte sie überschwenglich heraus. «Das ist eine schöne Geste. Ich verstehe dich gut, *aber* ... wenn du Mara sehen willst, jederzeit ...» und sie kramte in ihrer Handtasche – «ich meine, daß du mir nie etwas zu *geben* brauchst. Könntest du mich nicht morgen besuchen? Warum soll ich nicht *dich* einmal zum Essen einladen?»

Sie suchte noch immer nach einem Stück Papier. Ich riß eine Ecke von der Papierserviette ab. Mit einem Bleistiftstummel schrieb sie in einer großen, krakeligen Handschrift ihren Namen und ihre Adresse darauf. Es war ein polnischer Name. Die Straße war mir unbekannt. «Sie ist im Quartier St-Paul», sagte sie. «Aber komm bitte nicht ins Hotel», fügte sie hinzu. «Ich wohne nur vorübergehend dort.»

Ich las noch einmal den Straßennamen. Das Quartier St-Paul meinte ich zu kennen. Je länger ich darüber nachdachte, desto überzeugter war ich, daß es eine Straße dieses Namens in keinem Pariser Quartier gab. Andererseits kann man aber auch nicht alle Straßennamen kennen.

«Du bist also Polin?»

«Nein, Jüdin. Aber ich bin in Polen *geboren*. Außerdem ist es gar nicht mein richtiger Name.»

Ich sagte nichts mehr. Das Thema wurde so rasch fallengelassen, wie es aufgekommen war.

Im Verlauf des Essens bemerkte ich gegenüber von uns einen Mann, der uns zu beobachten schien. Ein älterer Franzose, der so tat, als sei er in seine Zeitung vertieft. Hin und wieder jedoch fing ich seinen Blick auf, wenn er über die Zeitung hinweg Mara abschätzend musterte. Er hatte ein freundliches Gesicht und schien wohlhabend zu sein. Ich spürte, daß Mara ihn bereits eintaxiert hatte.

Ich war neugierig, was sie tun würde, wenn ich sie einige Augenblicke allein ließ. Nachdem der Kaffee bestellt war, entschuldigte ich mich und ging hinunter zum *lavabo*. Als ich zurückkam, konnte ich an der lässigen, ruhigen Art, wie sie ihre Zigarette paffte, erkennen, daß bereits alles arrangiert war. Der Mann war jetzt wirklich in seine Zeitung vertieft. Sie waren anscheinend übereingekommen, daß er warten würde, bis sie fertig mit mir war.

Als der Kellner kam, fragte ich, wieviel Uhr es sei. «Gleich eins», sagte er. «Es ist spät, Mara, ich muß gehen», sagte ich. Sie legte ihre Hand auf meine und blickte mit einem vielsagenden Lächeln zu mir auf. «Du brauchst mir nichts vorzumachen», sagte sie. «Ich weiß, warum du eben hinuntergegangen bist. Wirklich, du bist einfach zu gut, ich weiß nicht, wie ich dir danken soll. Bitte, lauf jetzt nicht fort! Es ist nicht nötig, er wartet schon noch. Ich habe ihn darum gebeten. Komm, ich begleite dich noch ein Stückchen. Ich möchte noch ein bißchen mit dir reden, ehe wir uns trennen, ja?»

Wir gingen schweigend die Straße entlang. «Du bist mir doch nicht böse, oder?» fragte sie und umklammerte meinen Arm.

«Nein, Mara, ich bin nicht böse. Natürlich nicht.»

«Bist du in jemanden verliebt?» fragte sie nach einer Pause.

«Ja, Mara, das bin ich.»

Wieder schwieg sie. Wir gingen noch einen Häuserblock weiter, in beredtem Schweigen, und dann, als wir zu einer ungewöhnlich dunklen Straße kamen, drückte sie meinen Arm noch fester an sich und flüsterte: «Komm, hier entlang.» Ich ließ mich von ihr in die dunkle Gasse hineinziehen. Ihre Stimme wurde rauher, die Worte stürzten nur so über ihre Lippen. Ich habe nicht die leiseste Erinnerung an das, was sie sagte, und glaube auch, sie selbst hatte keine Ahnung, was sie daherredete. Sie redete wild und völlig außer sich gegen ein unerbittliches Schicksal an. Wer immer sie war, sie war namenlos geworden. Sie war nur noch eine gequälte, gehetzte, zerbrochene Frau – ein Geschöpf, das hilflos mit den Flügeln im Dunkeln schlägt. Sie wandte sich an niemanden direkt, und ganz bestimmt nicht an *mich*. Sie sprach auch nicht mit sich selbst, auch nicht zu Gott. Sie war nur eine stammelnde Wunde, die eine Stimme gefunden hatte, und in der Dunkelheit schien die Wunde aufzubrechen und einen Raum um sich zu schaffen, wo sie ohne Scham oder Demütigung bluten konnte. Die ganze Zeit über hielt sie meinen Arm umklammert, wie um sich meiner Gegenwart zu versichern. Sie preßte ihn mit ihren kräftigen Fingern, als könne ihre Berührung mir vermitteln, was ihre Worte nicht mehr auszudrücken vermochten.

Plötzlich erstarb ihr blutendes Gestammel. «Leg deine Arme um mich», bat sie. «Küß mich, küß mich so wie im Taxi.» Wir standen vor dem Tor eines riesigen, leerstehenden Hauses. Ich drängte sie an die Mauer und schlang die Arme um sie in einer wahnsinnigen Umarmung. Ich fühlte ihre Zähne an meinem Ohr. Ihre Arme hielten meine

Hüfte umschlossen. Mit aller Kraft zog sie mich an sich. Leidenschaftlich flüsterte sie: «Mara versteht zu lieben. Mara tut alles für dich ... *Embrassez-moi! ! Plus fort, plus fort, chéri ...*» Wir standen dort in dem Tor und hielten uns umschlungen, stöhnten und flüsterten wirre Sätze. Jemand näherte sich mit schweren, unüberhörbaren Schritten. Wir rissen uns voneinander los, und ohne ein weiteres Wort drückte ich ihr die Hand und ging davon. Die Stille der Straße war so unheimlich, daß ich mich nach wenigen Schritten noch einmal umdrehte. Sie stand noch immer dort, wo ich sie verlassen hatte. Wir verharrten mehrere Minuten lang regungslos, bemüht, die Dunkelheit mit unseren Blicken zu durchdringen. Dann ging ich kurz entschlossen zu ihr zurück.

«Hör mal, Mara», sagte ich, «und wenn er nicht mehr da ist?»

«Oh, er ist bestimmt noch da», antwortete sie tonlos.

«Komm, Mara», sagte ich, «besser, du nimmst das hier ... für alle Fälle», und drückte ihr in die Hand, was ich noch in der Tasche hatte. Ich wandte mich ab und ging rasch davon und rief ihr über die Schulter ein rauhes *«Au revoir»* zu. So ist das, dachte ich bei mir und beschleunigte ein wenig meinen Schritt. Im nächsten Augenblick hörte ich, wie jemand hinter mir herrannte. Ich drehte mich um, und sie stürzte mir atemlos entgegen, umschlang mich wieder mit den Armen und flüsterte überschwengliche Worte des Dankes. Plötzlich fühlte ich, wie ihr Körper an mir herunterglitt. Sie wollte vor mir niederknien. Ich riß sie hoch und sagte, während ich sie mit ausgestreckten Armen von mir hielt: «Mein Gott im Himmel, was ist denn in dich gefahren – hat dich noch nie jemand anständig behandelt?» Das sagte ich fast ärgerlich. Im nächsten Augenblick hätte ich mir am liebsten die Zunge abgebissen. Da stand sie in der dunklen Straße, die Hände vorm Gesicht, den Kopf gesenkt, und schluchzte herzzerreißend. Sie zitterte am ganzen Körper. Ich wollte die Arme um sie legen, wollte sie trösten, fand aber keine Worte. Ich war wie gelähmt. Wie ein scheuendes Pferd lief ich plötzlich davon. Ich lief schneller und schneller, noch immer ihr Schluchzen in den Ohren. Ich lief und lief, schneller, schneller, wie eine aufgescheuchte Antilope, bis ich mich wieder auf einer strahlend beleuchteten Avenue befand.

*«Sie wird in zehn Minuten an der und der Straßenecke stehen. Sie trägt ein rotes, getupftes Musselinkleid und eine Handtasche aus Krokodilleder unter dem Arm ...»*

Carls Worte rotierten beharrlich in meinem Kopf. Ich blickte auf, und da glänzte der Mond, nicht wie Silber, sondern wie Quecksilber. Er schwamm in einem Meer von erstarrtem Fett. Riesige, erschreckende Blutringe umkreisten ihn rund und rund und rundherum. Ich blieb wie angewurzelt stehen. Mir schauderte. Und dann plötzlich entrang sich, unvermittelt wie ein mächtiger Blutsturz, meiner Kehle ein schreckliches Schluchzen. Ich weinte wie ein Kind.

Ein paar Tage später schlenderte ich durch das jüdische Quartier. Die Straße, die sie mir aufgeschrieben hatte, existierte im Quartier St-Paul nicht – noch sonst irgendwo in Paris. Ich sah im Telefonbuch nach und stellte fest, daß der Name des Hotels mehrmals vorkam, aber keines dieser Hotels lag auch nur in der Nachbarschaft von St-Paul. Ich war nicht erstaunt, nur verblüfft. Ehrlich gestanden, ich hatte nicht mehr viel an sie gedacht, seit ich in jener dunklen Straße vor ihr geflohen war.

Natürlich hatte ich Carl davon erzählt. Als er die Geschichte hörte, sagte er zwei Dinge, die sich mir einprägten.

«Du weißt doch wohl, an wen sie dich erinnert hat?»

Als ich «Nein» sagte, lachte er: «Denk mal nach», meinte er, «es wird dir schon noch einfallen.»

Die andere Bemerkung war bezeichnend für ihn: «Ich wußte, daß du jemandem begegnen würdest. Ich habe nicht geschlafen, als du fortgegangen bist – ich habe nur so getan. Hätte ich dir gesagt, was dir passieren würde, so hättest du einen anderen Weg eingeschlagen, nur um mich zu widerlegen.»

An einem Samstag nachmittag ging ich wieder ins jüdische Quartier. Ich wollte zunächst zur place des Vosges, die für mich noch immer einer der schönsten Plätze von Paris ist. Da es jedoch ein Samstag war, wimmelte es hier von spielenden Kindern. Die place des Vosges ist ein Ort, den man nachts aufsuchen muß, wenn man, selbst zur Ruhe gekommen, sich der Einsamkeit erfreuen will. Als Spielplatz war sie nicht gedacht, sondern eher als ein Ort der Erinnerungen, ein stiller Ort, wo man seine Kräfte sammeln kann.

Als ich durch die Arkaden ging, die zum faubourg St-Antoine führten, kamen mir Carls Worte wieder in den Sinn. Und im gleichen Augenblick erinnerte ich mich, wer es war, dem Mara ähnlich sah. Es war Mara-Saint-Louis, die ich als Christine gekannt hatte. Wir waren eines Abends, bevor wir zum Bahnhof gingen, in einem Wagen hierher gefahren. Sie fuhr nach Kopenhagen, und ich sollte sie nie wiedersehen. Es war *ihre* Idee gewesen, noch einmal die place des Vosges aufzusuchen. Da sie wußte, daß ich auf meinen einsamen nächtlichen Streifzügen häufig hierherkam, hatte sie beschlossen, mir die Erinnerung an eine letzte Umarmung auf diesem schönen Platz zu hinterlassen, wo sie als Kind gespielt hatte. Nie zuvor hatte sie diesen Platz im Zusammenhang mit ihrer Kindheit erwähnt. Wir hatten immer nur über die Île St-Louis gesprochen. Oft waren wir zu dem Haus gegangen, in dem sie geboren worden war, und oft waren wir nachts auf dem Heimweg von einem Zusammensein über die schmale In-

sel gewandert, hatten jedesmal einen Augenblick vor dem alten Haus verweilt und zu den Fenstern hinaufgeschaut, an denen sie als Kind gesessen hatte.

Da vor der Abfahrt des Zuges noch mehr als eine gute Stunde totzuschlagen war, hatten wir den Wagen weggeschickt und saßen auf dem Randstein in der Nähe des alten Torbogens. An jenem bewußten Abend herrschte hier ein ungewöhnlich fröhliches Treiben, die Leute sangen, die Kinder tanzten um die Tische, klatschten in die Hände, stolperten über die Stühle, fielen hin und halfen einander gutmütig wieder auf die Beine. Christine begann für mich zu singen – ein Liedchen, das sie als Kind gelernt hatte. Die Leute erkannten die Melodie und sangen mit. Nie sah sie schöner aus. Ich konnte einfach nicht glauben, daß sie bald im Zug sein und damit für immer aus meinem Leben gleiten würde. Als wir den Platz verließen, waren wir so fröhlich, daß man hätte meinen können, wir gingen auf Hochzeitsreise.

In der rue des Rosiers, im jüdischen Quartier, blieben wir von dem Lädchen neben der Synagoge stehen, wo Heringe und saure Gurken verkauft wurden. Das dicke, rotbäckige Mädchen, das mich sonst immer begrüßte, war nicht da. Einmal, als Christine und ich zusammen dort waren, hatte sie erklärt, wir sollten bloß rasch heiraten, sonst würden wir es bereuen.

«Sie ist schon verheiratet», hatte ich lachend gesagt.

«Aber nicht mit *Ihnen*!»

«Glauben Sie, daß wir glücklich miteinander würden?»

«Sie werden ohne einander nie glücklich sein. Sie sind füreinander bestimmt. Sie dürfen einander nie verlassen, ganz gleich, was geschieht.»

Ich wanderte in der Gegend umher, dachte an dieses seltsame Gespräch und fragte mich, was wohl aus Christine geworden sein mochte. Dann dachte ich an Mara, wie sie in der dunklen Straße schluchzte, und für einen Augenblick überkam mich der quälende, verrückte Gedanke – daß vielleicht im selben Augenblick, als ich mich von Mara losriß, auch Christine in einem trostlosen Hotelzimmer im Schlaf geschluchzt hatte. Immer wieder einmal hatte ich gerüchtweise gehört, daß sie nicht mehr mit ihrem Mann zusammen lebe, sondern ruhelos und einsam von Stadt zu Stadt ziehe. Sie hatte mir nie eine Zeile geschrieben. Für sie war es eine endgültige Trennung. «Für immer», so hatte sie gesagt. Und doch, wenn ich bei meinen nächtlichen Wanderungen an sie dachte, jedesmal, wenn ich vor dem alten Haus auf der Île St-Louis stand und hinauf zu den Fenstern sah, konnte ich es einfach nicht glauben, daß sie mich für immer aus ihrem Sinn und ihrem Herzen verbannt hatte. Wir hätten den Rat des dicken Mädchens befolgen und heiraten sollen, das war die traurige Wahrheit. Hätte ich nur erraten können, wo sie sich aufhielt, ich hätte sofort einen Zug genommen und wäre zu ihr gefahren. Diese Schluchzer in der Dunkelheit tönten in meinen Ohren. Wie konnte ich wissen, daß sie, Christine, nicht im selben Augenblick auch schluchzte? *Wieviel Uhr war es überhaupt?* Ich mußte an ferne Städte denken, wo es jetzt Nacht oder früher Morgen war: einsame, gottverlassene Orte, wo hilflose, verwaiste und verlassene Frauen Tränen des Kummers vergossen. Ich zog mein Notizbuch heraus und trug die Stunde, das Datum und den Ort ein ... Und Mara, wo mochte sie jetzt sein? Auch sie war aus meinem Leben verschwunden, *für immer*. Seltsam, wie manche Menschen nur für ein paar Augenblicke in unser Leben treten – und dann fort sind, *für immer*. Und doch ist nichts Zufälliges an solchen Begegnungen.

Vielleicht war Mara mir nur gesandt worden, um mich daran zu erinnern, daß ich erst wieder glücklich sein würde, wenn ich Christine wiederfand ...

Eine Woche später wurde ich in dem Heim einer Hindu-Tänzerin einer außerordentlich schönen Dänin vorgestellt, die erst vor kurzem aus Kopenhagen gekommen war. Sie war ganz entschieden nicht ‹mein Typ›, aber sie war hinreißend schön, das läßt sich nicht leugnen. So, als sei eine Gestalt aus den Sagen ins Leben getreten. Natürlich machte ihr jedermann den Hof. Ich schenkte ihr keine besondere Aufmerksamkeit, obwohl auch meine Blicke ihr dauernd folgten, bis wir in dem kleinen Zimmer zusammentrafen, in dem die Getränke gereicht wurden. Zu dieser Stunde hatten alle, außer der Tänzerin, schon zuviel getrunken. Die dänische Schönheit lehnte, ein Glas in der Hand, an der Wand, ihre Zurückhaltung hatte sie abgelegt. Sie sah aus wie eine, die genommen werden wollte. Als ich zu ihr trat, sagte sie mit einem verführerischen Grinsen: «Sie also sind der Mann, der diese schrecklichen Bücher schreibt?» Ich antwortete erst gar nicht. Ich stellte mein Glas hin und machte mich über sie her, küßte sie blind, leidenschaftlich, wild. Sie entwand sich meiner Umarmung und stieß mich heftig von sich. Sie war nicht böse. Im Gegenteil, ich spürte, sie erwartete, daß ich diese Attacke wiederholte. «Nicht hier», sagte sie laut.

Jetzt tanzte die Inderin. Die Gäste verteilten sich im Zimmer und nahmen höflich ihre Plätze ein. Die junge Dänin, die ausgerechnet Christine hieß, führte mich unter dem Vorwand in die Küche, daß sie mir ein Brot machen wolle.

«Sie müssen wissen, ich bin verheiratet», sagte sie unvermittelt, als wir allein waren. «Ja, und ich habe zwei Kinder, zwei süße Kinder. Mögen Sie Kinder?»

«Ich mag *Sie*», sagte ich, umarmte sie erneut und küßte sie hungrig ab.

«Würden Sie mich heiraten», fragte sie, «wenn ich noch zu haben wäre?»

Ganz so kam das heraus, ohne die geringsten Umschweife. Ich war so erstaunt, daß ich ihr die einzige Antwort gab, die ein Mann unter solchen Umständen geben kann. Ich sagte ja. «Ja», wiederholte ich, «ich würde Sie morgen heiraten. Auf der Stelle, auf das geringste Wort von Ihnen.»

«Nicht so hastig», scherzte sie. «Ich könnte Sie beim Wort nehmen.» Das sagte sie so überzeugend, daß ich für einen Augenblick stocknüchtern, ja fast erschrocken war. «Oh, ich verlange keineswegs, daß Sie mich sofort heiraten», fügte sie hinzu, als sie mein bestürztes Gesicht bemerkte. «Ich wollte nur sehen, ob Sie einer von denen sind, die immer gleich heiraten wollen. Mein Mann ist tot. Ich bin seit über einem Jahr Witwe.»

Diese Worte machten mich nur noch sinnlicher. Warum war sie nach Paris gekommen? Offenbar um sich zu amüsieren. Sie hatte den typischen, verführerischen, kühlen Charme der Nordländerinnen, in denen Prüderie und Begierde um die Oberhand kämpfen. Ich wußte, ich mußte ihr mit zärtlichen Worten kommen. Sag, was du willst, tu, was du willst, aber sprich die Sprache der Liebe – die zauberischen, romantischen, sentimentalen Worte, die die häßliche, nackte Wirklichkeit des sexuellen Überfalls verbergen.

Ich legte meine Hand flach auf ihre Möse, die unter ihrem Kleid wie Dung dampfte, und sagte: «*Christine*, was für ein wundervoller Name! Nur eine Frau wie Sie kann einen so romantischen Namen haben. Er läßt mich an vereiste Fjorde denken, an Tannen, die von nassem Schnee tropfen. Wenn Sie ein Baum wären, ich würde Sie mit den Wurzeln ausreißen. Ich würde meine Initialen in Ihren Stamm ritzen ...» Ich leierte noch mehr solch albernen Blödsinn daher, wobei ich sie die ganze Zeit fest an mich gepreßt hielt und meine Finger in ihre klebrige Spalte steckte. Ich weiß nicht, wie weit ich es dort in der Küche getrieben hätte, wäre die Gastgeberin nicht dazwischen gekommen. Auch sie war ein scharfes Biest. Ich mußte beide gleichzeitig bedienen. Aus reiner Höflichkeit gingen wir schließlich in das große Zimmer zurück, um uns den Tanz der Inderin anzuschauen. Wir standen schön abseits von den anderen, in einer dunklen Ecke. Ich hatte den Arm um Christine gelegt. Mit der freien Hand tat ich, was ich konnte, für die Gastgeberin.

Zwei betrunkene Amerikaner setzten der Party mit einem Faustkampf ein jähes Ende. In dem Durcheinander ging Christine mit dem verlebt aussehenden Grafen fort, der sie hergebracht hatte. Glücklicherweise bekam ich vor dem Aufbruch noch ihre Adresse.

Als ich heimkam, gab ich Carl einen glühenden Bericht. Er geriet ganz aus dem Häuschen. Wir müßten sie zum Abendessen einladen – je eher, desto besser. Er würde eine Freundin, eine neue, die er im Cirque Médrano kennengelernt hatte, dazubitten. Eine Akrobatin, sagte er. Ich glaubte kein Wort davon, grinste aber und sagte, das wäre eine ausgezeichnete Idee.

Der Abend kam. Carl hatte das Essen vorbereitet und wie gewöhnlich die teuersten Weine gekauft. Die Akrobatin erschien als erste. Sie war lebhaft, intelligent, sprühend, hatte ein niedliches Gesichtchen und eine krause Frisur, mit der sie etwas von einem Spitz hatte. Sie war eines dieser leichtherzigen Wesen, die sich auf Anhieb fikken lassen. Carl war nicht so verrückt nach ihr, wie er es normalerweise bei einer Neuentdeckung war. Er war jedoch sichtlich erleichtert, daß er jemanden gefunden hatte, der die grämliche Eliane ersetzte. Er nahm mich beiseite und fragte: «Gefällt sie dir? Glaubst du, daß sie was taugt? Gar nicht so übel, oder?» Dann, sozusagen als Nachtrag: «Übrigens, Eliane scheint ganz wild auf dich zu sein. Warum gehst du nicht zu ihr? Sie ist keine schlechte Nummer, dafür kann ich mich verbürgen. Du brauchst nicht viel Zeit mit den Präliminarien zu verschwenden, flüstere einfach ein paar freundliche Worte und leg sie um. Glaub mir, ihre Möse arbeitet wie eine Saugpumpe...»

Und damit winkte er Corinne, seine Freundin, die Akrobatin, herbei. «Dreh dich mal um», sagte er, «ich will ihm deinen Arsch zeigen.» Er tätschelte anerkennend ihr Hinterteil. «Befühl das mal, Joey», sagte er. «Wie Samt, was?»

Ich wollte gerade seiner Aufforderung nachkommen, da klopfte es an die Tür. «Das muß *deine* Möse sein», meinte Carl, ging hin und machte auf. Beim Anblick von Christine stieß er ein Geheul aus. Er schlang die Arme um sie, zerrte sie ins Zimmer und schrie dabei: «Sie ist wunderbar, wunderbar! Warum hast du mir bloß nicht gesagt, wie schön sie ist?»

Ich glaubte, er würde vor Bewunderung den Verstand verlieren. Er tanzte im Zimmer umher und klatschte in die Hände wie ein Kind. «O Joey, Joey», rief er und leckte sich im Vorgeschmack die Lippen, «sie ist *wunderbar*. Sie ist die beste Möse, die du jemals aufgetrieben hast!»

Christine schnappte das Wort Möse auf. «Was bedeutet das?» wollte sie wissen.

«Es bedeutet, daß Sie schön sind, atemberaubend, strahlend», erklärte Carl und hielt sie begeistert bei den Händen. Seine Augen waren feucht wie die eines Hündchens.

Christines Englisch bewegte sich noch in den Anfangsgründen. Corinnes Kenntnisse waren sogar noch geringer. Also sprachen wir Französisch. Um unseren Appetit anzuregen, tranken wir einen Elsässer. Jemand legte eine Platte auf, und Carl, rot wie eine Rübe, mit feuchten Lippen und leuchtenden Augen, fing mit lauter, durchdrin-

gender Stimme an zu singen. Immer wieder ging er zwischendurch zu Corinne hinüber und drückte ihr einen schmatzenden Kuß auf den Mund – um ihr zu zeigen, daß er sie nicht vergessen hatte. Aber alles, was er sagte, war an Christine gerichtet.

«Christine!» sagte er, liebkoste ihren Arm und streichelte sie wie eine Katze. «*Christine*! Was für ein zauberhafter Name!» (In Wirklichkeit konnte er den Namen nicht ausstehen. Er sagte immer, es sei ein ganz blöder Name, gerade gut genug für eine Kuh oder einen lahmen Gaul.) «Laß mich überlegen», und er rollte die Augen zum Himmel, als bemühe er sich, die treffende Metapher zu finden. «Er ist wie duftige Spitze bei Mondlicht. Nein, nicht bei Mondlicht – in der Dämmerung. Jedenfalls, er ist duftig, köstlich wie Ihre Seele ... Gebt mir noch etwas zu trinken. Mir fallen jetzt keine besseren Vergleiche ein.»

Christine, in ihrer nüchternen Art, unterbrach diese Vorstellung mit der Frage, ob das Essen bald fertig sei. Carl tat so, als sei er schockiert. «Wie kann ein so schönes Geschöpf wie Sie in einem solchen Augenblick nur ans Essen denken?» rief er aus.

Aber Corinne hatte auch Hunger. Wir setzten uns, Carl noch immer rot wie eine Rübe. Er ließ seinen wässerigen Blick von einer zur anderen wandern, als könne er sich nicht entscheiden, welche er zuerst lecken sollte. Man sah ihm an, daß er in der Stimmung war, beide von Kopf bis Fuß abzulecken. Nach ein paar Bissen stand er auf und schlabberte Corinne ab. Dann, als habe er Baldrian gesoffen, schmuste er mit Christine herum und machte sich bei ihr an die Arbeit. Der Erfolg blieb nicht aus, aber danach saßen die beiden etwas benommen da. Wahrscheinlich fragte sie sich, wie der Abend noch enden sollte.

Bis jetzt hatte ich Christine nicht angerührt. Ich war neugierig, zu beobachten, wie sie sich verhielt – wie sie sprach, wie sie lachte, wie sie aß und trank. Carl füllte die Gläser immer wieder aufs neue, als tränken wir Limonade. Christine schien befangen, doch der Wein tat bald seine Wirkung. Es dauerte nicht lange, da fühlte ich an meinem Schenkel eine Hand, die mich drückte. Ich ergriff sie und legte sie zwischen meine Beine. Sie zog sie wie erschrokken zurück.

Carl begann jetzt, ihr mit Fragen über Kopenhagen, ihre Kinder und ihr Eheleben zuzusetzen. (Er hatte vergessen, daß ihr Mann bereits tot war.) Plötzlich, aus heiterem Himmel, sah er sie mit einem hinterhältigen Grinsen an und sagte: «*Écoute, petite*, eins möchte ich gern wissen – läßt er dir hin und wieder einen guten Fick angedeihen?»

Christine wurde puterrot. Sie sah ihm in die Augen und sagte steinern: «*Il est mort, mon mari.*»

Jeder andere wäre beschämt gewesen. Nicht so Carl. Er stand auf, sein Gesicht war unbefangen und freundlich, ging zu ihr hinüber und küßte sie keusch auf die Stirn. «*Je t'aime*», sagte er und trottete an seinen Platz zurück. Einen Augenblick später plapperte er über Spinat und wie gut er roh schmecke.

Die Nordländer haben etwas an sich, was ich nicht verstehe. Ich bin nie einem begegnet, weder einem Mann noch einer Frau, mit dem ich wirklich hätte warm werden können. Ich will damit nicht sagen, daß Christines Anwesenheit etwa abkühlend wirkte. Im Gegenteil, der Abend lief wie eine geölte Maschine. Nach dem Essen zog Carl seine Akrobatin auf den Diwan. Ich legte mich mit Christine im Nebenzimmer auf den Teppich. Zuerst gab es einen kleinen Kampf, aber als ich erst einmal ihre Beine auseinander gebracht hatte und der Saft floß, kam sie auf den Geschmack. Nach ein paar Zuckungen begann sie zu wei-

nen. Sie weinte über ihren toten Mann, wie sie mir gestand. Ich konnte das nicht begreifen. Ich hätte beinahe
gesagt: Was tut das *jetzt* zur Sache? Aber ich wollte her-
ausfinden, was sie eigentlich mit soviel Respekt an ihren
verstorbenen Mann denken ließ. Zu meiner Überraschung
sagte sie: «Was würde er von mir denken, wenn er mich
hier auf dem Boden mit dir liegen sähe?» Das klang für
mich so lächerlich, daß ich ihr am liebsten den Hintern
versohlt hätte. Mich überkam der ruchlose Wunsch, sie
etwas tun zu lassen, was eine echte Äußerung von Scham
und Reue rechtfertigte.

Gerade hörte ich Carl aufstehen und ins Badezimmer
gehen. Ich rief ihm zu, er solle herüberkommen und einen mit uns trinken. «Augenblick», sagte er, «die Fose
hier blutet wie ein abgestochenes Schwein.» Als er aus
dem Badezimmer kam, sagte ich ihm auf englisch, er solle
sein Glück bei Christine versuchen. Daraufhin entschuldigte ich mich und ging ins Badezimmer. Als ich zurückkam, lag Christine noch immer auf dem Boden und
rauchte eine Zigarette. Carl lag neben ihr und versuchte
sanft, ihre Beine auseinanderzuzwängen. Sie lag da, kühl
wie eine Gartengurke, mit übereinandergeschlagenen
Beinen und einem leeren Gesichtsausdruck. Ich schenkte
die Gläser voll und ging ins Nebenzimmer, um mit Corinne zu plaudern. Auch sie lag mit einer Zigarette zwischen den Lippen ausgestreckt da, bereit, wie ich an-
nahm, zu noch einem Gang, falls sich jemand fand. Ich
setzte mich neben sie und schwatzte das Blaue vom Himmel herunter, um Carl Zeit zu geben, ihn bei ihr zu lan-
den.

Gerade als ich dachte, daß alles gut ging, platzte Christine plötzlich ins Zimmer. In der Dunkelheit stolperte sie
über den Diwan. Ich fing sie auf und zog sie herüber, neben Corinne. Im nächsten Augenblick kam auch Carl her-

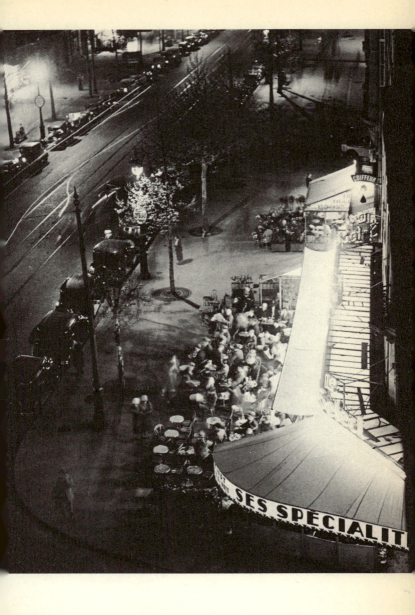

ein und warf sich auf den Diwan. Keiner sprach ein Wort. Wir rutschten hin und her in dem Versuch, es uns allen bequem zu machen. Beim Herumtasten berührte meine Hand eine bloße Brust. Sie war rund und fest, die Warze straff und verlockend. Ich schloß meinen Mund über ihr. Ich erkannte Christines Parfum wieder. Als ich den Kopf hob, um ihren Mund zu suchen, fühlte ich, wie eine Hand in meinen Hosenlatz schlüpfte. Als ich meine Zunge in ihren Mund gleiten ließ, drehte ich mich etwas zur Seite, damit Corinne meinen Pint herausholen konnte. Im nächsten Augenblick spürte ich ihren warmen Atem daran. Während sie drauflosnibbelte, preßte ich Christine leidenschaftlich an mich, biß ihre Lippen, ihre Zunge, ihren Hals. Sie schien in einem ungewöhnlichen Erregungszustand zu sein, gab die seltsamsten Grunztöne von sich und zuckte mit dem ganzen Körper. Ihre Arme, die sich um meinen Hals geschlungen hatten, hielten mich fest im Griff. Ihre Zunge war dicker geworden, als sei sie von Blut geschwollen. Ich bemühte mich vergeblich, meinen Pint aus Corinnes Schmelzofen von Mund freizubekommen. Vorsichtig versuchte ich, ihn zu befreien, aber sie war hinter ihm her wie ein Fisch und schnappte nach ihm mit den Zähnen.

Inzwischen zuckte Christine heftiger, wie von einem Orgasmus geschüttelt. Es gelang mir, meinen Arm, der unter ihrem Rücken festgeklemmt war, herauszuwinden, und meine Hand glitt über ihren Torso. Direkt unter der Taille fühlte ich etwas Hartes, es war mit Haaren bedeckt. Ich grub meine Finger hinein. «He, hier bin *ich*!» sagte Carl und zog seinen Kopf weg. Da fing Christine an, mich von Corinne wegzuziehen, aber Corinne ließ nicht locker. Nun warf sich Carl auf Christine, die wie von Sinnen war. Ich lag jetzt so, daß ich ihren Arsch kitzeln konnte, während Carl es ihr von vorne besorgte. Ich dachte, sie würde

136

verrückt, so wie sie sich herumwälzte, stöhnte und stammelte.

Plötzlich war alles vorbei. Sofort sprang Christine auf und stürzte ins Badezimmer. Wir anderen drei blieben noch einen Augenblick schweigend liegen. Dann, als hätte man uns allen gleichzeitig das Zwerchfell gekitzelt, brachen wir in wieherndes Gelächter aus. Carl lachte am lautesten – es war wieder einmal einer seiner närrischen Lachanfälle, die nie ein Ende nehmen wollten.

Wir lachten noch immer, als plötzlich die Badezimmertür aufgestoßen wurde. Da stand Christine im hellen Lichtschein, mit flammend rotem Gesicht und verlangte zornig zu wissen, wo ihre Hüllen seien.

«Ihr seid ekelhaft», schrie sie. «Laßt mich raus!»

Carl machte einen Versuch, ihre in Unordnung geratenen Gefühle zu beschwichtigen, aber ich machte dem ein Ende, indem ich sagte: «Laß sie gehen, wenn sie will.» Ich stand nicht einmal auf, um ihre Sachen zu suchen. Ich hörte Carl mit gedämpfter Stimme etwas zu ihr sagen, und dann vernahm ich Christines zornigen Ausruf: «Laß mich in Frieden – du schmutziges Schwein!» Damit knallte die Tür zu, und weg war sie.

«Da hast du deine skandinavische Schönheit», sagte ich.

«Tja, ja», murmelte Carl und ging mit gesenktem Kopf im Zimmer auf und ab. «Schlimm, schlimm», murmelte er.

«Was heißt hier schlimm?» sagte ich. «Sei kein Idiot! Sie hat uns den schönsten Tag ihres Lebens zu verdanken!»

Er aber fing auf seine verrückte Art an loszuwimmern. «Wenn sie nun aber den Tripper hatte?» sagte er und stürzte ins Badezimmer, wo er geräuschvoll gurgelte. «Hör mal, Joey», schrie er, während er einen Mundvoll ausspuckte, «was hat sie wohl so zornig gemacht? Daß wir so losgelacht haben?»

«Die sind alle so», sagte Corinne. *«La pudeur.»*

«Ich bin hungrig», sagte Carl. «Jetzt setzen wir uns hin und fangen mit dem Essen noch mal von vorne an. Vielleicht überlegt sie sich's ja und kommt wieder.» Er murmelte etwas vor sich hin, und dann sagte er, als ziehe er Bilanz: «Da werde einer draus klug.»

# Inhalt

Statt eines Vorworts   7

Stille Tage in Clichy   9
*New York City, Juni 1940*
*umgeschrieben in Big Sur, Mai 1956*

Mara-Marignan   89
*New York City, Mai 1940*
*umgeschrieben in Big Sur, Mai 1956*

Von *Henry Miller* erschienen in der Reihe der rororo-Taschen-bücher außerdem «Lachen, Liebe, Nächte» (Nr. 227; die Erzäh-lung «Astrologisches Frikassee» aus dem Band liegt auch in der Reihe «Literatur für KopfHörer», gelesen von Hans Michael Rehberg, vor), «Der Koloß von Maroussi» (Nr. 758), «Big Sur und die Orangen des Hieronymus Bosch» (Nr. 849), «Nexus» (Nr. 1242), «Plexus» (Nr. 1285), «Schwarzer Frühling» (Nr. 1610), «Mein Leben und meine Welt» (Nr. 1745), «Der klimati-sierte Alptraum» (Nr. 1851), «Insomnia oder Die schönen Tor-heiten des Alters» (Nr. 4087), «Das Lächeln am Fuße der Leiter» (mit Illustrationen von Joan Miró; Nr. 4163), «Wendekreis des Krebses» (Nr. 4361), «Von der Unmoral der Moral» (Nr. 4396), «Wendekreis des Steinbocks» (Nr. 4510), «Sexus» (Nr. 4612), «Die Welt des Sexus» (Nr. 4991), «Opus Pistorum» (Nr. 5820), «Jugendfreunde» (Nr. 12587), «Frühling in Paris» (Nr. 12954), «JOEY – Ein Porträt von Alfred Perlès» (Nr. 13296) und im Rowohlt Verlag überdies «Der Engel ist mein Wasserzeichen. Sämtliche Erzählungen» (1983).

In der Reihe «rowohlts monographien» erschien als Band 61 eine Darstellung Henry Millers mit Selbstzeugnissen und Bilddoku-menten von Walter Schmiele, die eine ausführliche Bibliographie enthält.

## Henry Miller

**Henry Miller** wuchs in Brooklyn, New York auf. Mit dem wenigen Geld, das er durch illegalen Alkoholverkauf verdient hatte, reiste er 1928 zum erstenmal nach Paris, arbeitete als EnglischLehrer und führte ein freizügiges Leben, ausgefüllt mit Diskussionen, Literatur, nächtlichen Parties – und Sex. In Clichy, wo Miller damals wohnte, schrieb er sein erstes großes Buch «Wendekreis des Krebses». Als er 1939 Frankreich verließ und in die USA zurückkehrte, kannten nur ein paar Freunde seine Bücher. Wenig später war Henry Miller der neue große Name der amerikanischen Literatur. Immer aber bewahrte er sich etwas von dem jugendlichen Anarchismus der Pariser Zeit. Henry Miller starb fast neunzigjährig 1980 in Kalifornien.

**Insomnia oder Die schönen Torheiten des Alters**
(rororo 4087)

**Jugendfreunde** *Eine Huldigung an Freunde aus längst vergangenen Zeiten*
(rororo 12587)

**Der klimatisierte Alptraum**
(rororo 1851)

**Lachen, Liebe, Nächte**
(rororo 758)

**Nexus** *Roman*
(rororo 1242)

**Sexus** *Roman*
(rororo 4612 und als gebundene Ausgabe)

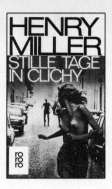

**Stille Tage in Clichy**
(rororo 5161)

**Wendekreis des Krebses** *Roman*
(rororo 4361)

**Wendekreise des Steinbocks**
*Roman*
(rororo 4510 und als gebundene Ausgabe)

Im Rowohlt Verlag sind außerdem erschienen:

**Tief im Blut die Lockungen des Paradieses** *Henry Miller-Lesebuch*
Herausgegeben von Heinrich Maria Ledig-Rowohlt
256 Seiten. Gebunden.

**Der Engel ist mein Wasserzeichen**
*Sämtliche Erzählungen*
Deutsch von Kurt Wagenseil und Herbert Zand
352 Seiten. Gebunden.

Ein Verzeichnis sämtlicher Bücher und Taschenbücher von Henry Miller finden Sie in der Rowohlt Revue – jedes Vierteljahr neu und kostenlos in Ihrer Buchhandlung.

*rororo Literatur*

3254/1

*Literatur für KopfHörer*

Wer nicht lesen will, kann hören - eine Auswahl von Rowohlt's Hörcassetten:

**Simone de Beauvoir**
**Eine gebrochene Frau**
**Erika Pluhar liest**
2 Toncassetten im Schuber
(66012)

**Wolfgang Borchert**
**Erzählungen**
**Marius Müller-Westernhagen liest**
*Die Hundeblume. Nachts schlafen die Ratten noch. Die Küchenuhr. Schischyphusch*
1 Toncassette im Schuber
(66011)

**Albert Camus**
**Der Fremde**
**Bruno Ganz liest**
3 Toncassetten im Schuber
(66024)

**Truman Capote**
**Frühstück bei Tiffany**
**Ingrid Andree liest**
3 Toncassetten im Schuber
(66023)

**Roald Dahl**
**Küßchen, Küßchen!**
**Eva Mattes liest**
*Die Wirtin. Der Weg zum Himmel. Mrs. Bixby und der Mantel des Obersten*
1 Toncassette im Schuber
(66001)

**Louise Erdrich**
**Liebeszauber**
**Elisabeth Trissenaar liest**
*Die größten Angler der Welt*
2 Toncassetten im Schuber
(66013)

**Elke Heidenreich**
**Kolonien der Liebe**
**Elke Heidenreich liest**
1 Toncassette im Schuber
(66030)

**Jean-Paul Sartre**
**Die Kindheit des Chefs**
**Christian Brückner liest**
3 Toncassetten im Schuber
(66014)

**Henry Miller**
**Lachen, Liebe, Nächte**
**Hans Michael Rehberg liest**
*Astrologisches Frikassee*
2 Toncassetten im Schuber
(66010)

**Vladimir Nabokov**
**Der Zauberer**
**Armin Müller-Stahl liest**
2 Toncassetten im Schuber
(66005)

**Kurt Tucholsky**
**Schloß Gripsholm**
**Uwe Friedrichsen liest**
4 Toncassetten im Schuber
(66006)

rororo Toncassetten werden produziert von Bernd Liebner. Ein Gesamtverzeichnis der Reihe finden Sie in der *Rowohlt Revue*. Jedes Vierteljahr neu. Kostenlos in Ihrer Buchhandlung.

*rororo*